続 死ねない老人

希望の最期を叶え、
後悔せずに見送る

杉浦 敏之

JN012395

幻冬舎MC

はじめに

人生の最終段階で運ばれた病院で延命治療が施され、本人の意思に反して生かされてしまう——。

予想外に長く続く老後のなかで生きがいを見失い、生きていたくもないが死ぬこともできない——。

そんな「死ねない老人」たち。

私は医師という立場から、わが国の高齢者が直面するこのような「死」にまつわる厳しい現実を世の中に伝えるべく、前著『死ねない老人』を出版しました。それから約4年が過ぎた今、「死ねない老人」たちを取り巻く環境は、少しずつではありますが変化し始めています。

例えば、2017年秋から2018年にかけて首相官邸で「人生100年時代構想会議」が行われました。以来、誰もが90年、100年という長い人生を生きるようになった現状を踏まえ、高齢者の就業促進や高齢期の生きがい創出といったことが議論されるようになっています。

また厚生労働省でも終末期医療についての従来の指針を改訂し、2018年3月に「人生の最終段階における医療・ケアの決定プロセスに関するガイドライン」を発表しています。そこでは人生の最終段階にある本人の意思を尊重し、周囲の医療・介護職や家族が医療・ケアについて話し合いを続ける、という原則が掲げられました。「どんな治療を受けたいか」「最期のときをどこでどのように過ごしたいか」などについて、できる限り高齢者の希望に耳を傾け、それに沿った医療・ケアをしていこうという方針が示されたのです。

新聞や週刊誌などのメディアでも、苦しいだけの延命治療を避けて平穏死を叶えるには、といった内容の記事を頻繁に目にするようになっています。

私が前著で記したような高齢者の「死ねない」問題に社会の目が向き始め、〝その人らしい尊厳のある死〟を実現するべく、さまざまな分野で検討が始まろうとしています。

もちろん、こうした社会の動きは、偶然にも機を同じくして私の主張と重なったものですが、ただ私自身も前著の発刊以降、高齢期医療や在宅看取りなどについて、講演や取材の依頼を受けることが増えました。また日本尊厳死協会の理事にも就任し、診療のかたわら、協会運営のお手伝いもさせていただいています。

そういう意味では「死ねない老人」という問題提起をしたことに、一定の手応えを感じている面はあります。

しかしながら、日々の診療現場に目を向けると、私の小さな手応えなど吹き飛んでしまうような厳しい現実がまだまだあります。

高齢者本人は自宅で家族に看取られることを希望していたにもかかわらず、いざ容態が変わると家族や周囲の人が救急車を呼んでしまい、搬送先の病院で高齢者に心肺蘇生や人工呼吸器装着が自動的に行われてしまうケースは、今も山のようにあります。そうなると、無機質な病室で苦痛に耐えながら死を迎えるという、本人の希望とはかけ離れた最期になります。

また一人暮らしの高齢者では、たまたま異変に気づいた新聞配達員やマンション管理人が、慌てて警察を呼んでしまうことが少なくありません。この場合、在宅医療を受けていた人でも検視などの一連の手続きが終わるまでは、在宅医も家族もご遺体に近づくことすらできません。

私はそういう場面に遭遇するたびに、日本では「穏やかな死」を迎えることがいかに難しいかを思い知らされ、暗澹たる気持ちになります。

さらに、こうした死の前後の混乱は、亡くなっていく高齢者本人を苦しめるだけではありません。残された家族にも「人生の最期につらい思いをさせたのではないか」「本人の希望を叶えてあげられなかった」という後悔や罪悪感が生まれ、そのことにいつまでも苦しむ人たちもいます。

どんな人でも懸命に生きたその先に、必ず死を迎えます。大切な人生の終わりをそのような〝つらい最期〟にしないために、私たちには何ができるのか——。その手立てをより具体的に示したいという思いから、私は続編の執筆を考えるようになりました。

そこで本書では、現代日本の「死」を取り巻く現状を再び取り上げつつ、ここ数年で行政や医療現場でも注目されるようになってきた新しい終末期医療や看取りのあり方について解説をします。

それと同時に、自分の最期をどのように考え、どう意思表示をすればいいか、そして周りの家族は高齢者をどのようにサポートし、実際の介護や看取りに取り組んでいけばいいか、できるだけ分かりやすく記していきたいと思います。「死ねない老人」に対してどのような救いの光をあてられるのか、前著に比べてより具体的な解決策を提言できるよう意識しました。

日本全体でいえば、誰もが当然の権利として「尊厳のある穏やかな死」を迎えられるようになるまでには、まだまだ時間がかかるでしょう。

しかし、それを実現するためには、私たち一人ひとりが生きることの先にある死を考え、その人なりに死に向き合うという作業が不可欠だと私は考えています。そのことを一人でも多くの人に知っていただくために私自身も、地道にひたすらに情報を発信し続けていくつもりです。

本書が、人生の終わりをより良いものにしたいと考える人にとって、また先に逝く人の見送り方を模索するご家族にとって、少しでも役立つものになれば幸いです。

発刊に寄せて

埼玉県知事　大野元裕

『死ねない老人』。ドキッとさせられるタイトルである。

25年以上高齢者医療、末期がん患者に対する在宅医療に係り、さらには日々、街の頼れる医師として活動してきた杉浦敏之先生が、前作『死ねない老人』を刊行したのは4年前。医療や社会における既存の取り組みに関し、日本社会全体に警鐘を鳴らす「問題作」であった。

日本にとって最大の課題は、世界でだれも経験したことがない超少子高齢化社会への対応であろう。２０２５年には、65歳以上の方が国民全体の30％に達することが見込まれるなか、問題は将来においてより深刻になる。埼玉県は、75歳以上の後期高齢者人口の伸びが日本一早いペースで進む県とされており、最大の課題となっている。

かつて人生50年と言われた時代から見れば、人生１００年時代は夢のようなうらやましい時代であろう。長生きはやはり、いいことだと思う。しかしながら、その100年の内の3分の1以上を占める、「老後」がいかにあるかは人生50年時代の人が想像していなかった大きな問題のはずだ。

前作において杉浦先生は「超高齢社会」の問題を「死ねない老人」とし、そこには二つのパターンがあると指摘してきた。それは、①高齢者本人が希望や生きがいを見失ってしまい、死にたいと願ってしまう「死ねない老人」と、②周囲の圧力によって不本意に生かされてしまう「死ねない老人」、希望の場所で「死ねない老人」、の2パターンである。

このいずれも、社会的問題、制度的問題であるが、杉浦先生はこれを医師として、経験に裏打ちされた説得力のある議論を展開してきた。特に、後者の不本意に生かされてしまう「死ねない老人」や希望の場所で「死ねない老人」は、医療の立場からの検討が不可欠であるが、このタブーに正面から挑戦してきた医師は少ない。「困ったときは病院へ」神話は、「死なせない高度医療」の発展により力を得、「病院に行けばまだ何か治療法があるはず」、「病院に行かせないなんて世間体が悪い」という家族の思いをさらに強めているのかもしれない。しかし杉浦先生は、そこで制度的に無視されているのは、本人の気持ちであると指摘するのである。

前作の鋭い問題提起に続き、本書では新型コロナウイルス感染症という、高齢者により大きな健康上の影響がある世界的パンデミックを受け、前作では言い切れなかった主張が展開されている。行政においても、例えば福祉施設における新型コロナウイルス感染症拡大防止のために、療養型福祉施設で家族に面会もできず、活動も制限された「死ねない老人」に関する話が数多く入ってくるようになった。

本書で杉浦先生が強く主張する、「本人のため、家族のため」の「死」を実現することは容易ではあるまい。「死」を家族間において本音で語り合い、準備することは難しいかもしれない。しかしながら、「死ねない老人」に長年かかわってきた専門家であればこそ、その重要性を痛感してきたはずだ。だからこそ、杉浦先生は医師として、困難であろうと正面から取り組み、「死」を語ることを強く主張しているのであろう。

さて、私事ではあるが、杉浦先生は幼稚園の同級生で、大人になってからも「敏ちゃん」、「もっちゃん」と呼び合う数少ない仲間の一人である。そういえば幼少のころから、敏ちゃんは思慮深い「拘泥型」であり、他の子どもたちとは異なった視点を持っていた。「死ねない老人」は、わが国が抱える最大の課題の中枢をなすがゆえに、前作ではカバーしきれない部分も多かったのであろう。この問題に取り組む第一人者として、言い足りないことも多かったのかもしれない。読む側にとっても、まだまだ聞きたいこと、読みながら考えたいことが多かったはずである。その意味では、『続・死ねない老人』の刊行は、当然の帰結であった。

とは言え、政治家としては、この問題についてまだまだ課題が多く続編が待たれたとは言いにくい。そんな政治家の立場を考慮することなく、現職の知事である私に推薦文を書かせる、熱意あるストレートさが「敏ちゃん」のいいところである。あるいは幼馴染であるがゆえに、政治家たる者、元気な100歳時代にふさわしい生きがいを感じられる社会を創れとのお叱りかもしれない。誰もがいつか迎えることとなる「死」を社会制度の中で他人のものにすることなく、自らの問題としてとらえるために、必読の書である。

敏ちゃんにはいつの日か、「死にたくない社会でいきいき生きる老人」という本を書かせたいと切に思う。

続・死ねない老人　～希望の最期を叶え、後悔せずに見送る～　目次

［第2章］　「穏やかに逝きたい」――本人の希望が叶いにくい日本の高齢期医療の問題

［第3章］「もしものとき」に備える「人生会議」とは

［第4章］　家族で「縁起でもない」話をしよう

［第5章］　「希望の最期」を叶え、後悔せずに見送るための心得

［第1章］

新型コロナで変わった「死」の意識

コロナ禍で浮かび上がった「死と隣り合わせ」の現実

2020年、新型コロナウイルス感染症が世界的に流行し、私たちはこれまでに経験したことのない事態に直面しています。

季節を問わずマスクを肌身離さず身に着け、できるだけ人との接触を避ける。仕事もオンラインで代替できることはオンラインになり、患者さんと医師が直《じか》に向き合うべき医療ですら遠隔診療が可能になっています。

家族に年配の人がいる家庭では、重症化リスクの高い高齢者に感染させないようにと、気の休まらない日々が続いているでしょう。高齢の親と離れて住んでいる人も、遠距離を移動して親の顔を見に行くこともままならず、不安が募っているかもしれません。

変わるはずがないと思われた日常が覆され、まさに社会が一変した――。そんな印象を抱いている方も多いのではないでしょうか。

しかしながら、私はこの新型コロナウイルスの災禍のなかで、あらためて浮き彫りになったことがいくつかあるように思います。

その一つが「生きることは、常に死と隣り合わせでもある」ということです。

世界屈指の長寿国であり、誰もが一定水準の医療を受けられる日本では、新型コロナ感染拡大を経験する前は、多くの人にとって「死」は非日常の、遠い出来事だったかもしれません。

特に近年は「人生100年」という言葉がさまざまなシーンで語られるようになっています。それに伴い、国民の健康意識は高まる一方です。テレビでは、医師が登場して健康寿命を延ばすには何を食べればいいか、何をすればいいかを語る番組が人気を博していますし、雑誌や書籍、インターネットにもそうした情報が溢れています。

また、長くなった人生を支えるための医療や介護の新しい技術・知見も続々と報告されています。最新の遺伝子研究や薬の開発により、これまでは救えなかった進行がんも治療できるようになる、iPS細胞を応用すれば、傷ついた神経や目の組織も再生できる、そうした話題が人々の耳目を集めています。

介護の分野でも、老年期のリハビリテーションの研究が進み、「年をとった人でも、筋力トレーニングで弱った機能を回復できる」という論調が高まっています。

このような話を見聞きしていれば「老い」や「病気」はもちろん、その先にある「死」も個人や社会の努力によって予防したり克服したりできるもの、そういう感覚に誰もが陥りやすくなります。

しかし、そうした〝幻想〟を打ち砕いたのが、この新型コロナウイルスです。

医療が高度に発展した現代でも、未知の新たな感染症が一つ出現しただけで、これだけたくさんの人が命を落とすこともある。「感染したら、自分や家族も死ぬかもしれない」という具体的なイメージが、私たちの胸先に突きつけられたように思います。

また同時に、どれだけ医療技術が進歩しても、何もかもが医療で解決できるわけではなく、永遠に命を得られるわけでもない。その命と医療にまつわる真実が、あらためて明らかになったのが、この1年あまりだったように思います。

年齢が上がるとともに一歩ずつ死に近づく

コロナ禍で明らかになったことの二つ目として挙げたいのが、年をとるほど、感染したときの重症化や死亡のリスクが格段に高くなるということです。

厚生労働省のデータ（2020年7月15日）でも、新型コロナウイルス感染者の死亡率は年齢とともに高くなっているのがよく分かります。

具体的な数字でいうと、20代以下の死亡率は0％ですが、30代で0・1％、40代で0・4％、50代で1・0％とここまでは低い数字となっています。しかし60代になると4・7％に上昇、さらに70代では14・2％、80代以上で28・3％と、60歳を超える頃から死亡率は急上昇しています。

この理由として、年齢が上がるほど糖尿病や心疾患、慢性閉塞性肺疾患などの基礎疾患をもっている人が多いことがあります。

これまでの研究で、新型コロナウイルスは人の細胞の表面にあるACE2受容体と結びついて、細胞内に侵入・増殖することが分かっています。この受容体は、のどや鼻の粘膜のほか、肺や腸管、脳、血管などにも広く存在しているため、もともと持病があり心臓などの臓器や血管が弱っている人は、それだけ重症化のリスクが高くなるのです。

また個人差はありますが、一般には年齢が高くなるほど、免疫の機能も衰えていきます。免疫とは、ウイルスや細菌などの異物が体に侵入してきたときに、それを排除することで正常な細胞を守るしくみのことです。

この免疫系の細胞にはさまざまな種類がありますが、ウイルスなどの異物を攻撃する役目をもつリンパ球のB細胞は、骨髄の細胞でつくられています。また同じくリンパ球の一種のT細胞は、心臓の前にある胸腺という組織でつくられます。年をとると胸腺や骨髄が萎縮するなどして、リンパ球をつくる働きそのものが低下し、免疫力も落ちていくと考えられています。

その結果、若い人であればすぐに治ってしまう感染症でも、高齢者では重症化する確率が高くなります。新型コロナウイルスもそうですが、季節性のインフルエンザやちょっとした風邪ですら、お年寄りにとってはときに〝命とり〟になり得るのはこのためです。

［図表１］ 年齢別にみたインフルエンザの致死率の違い

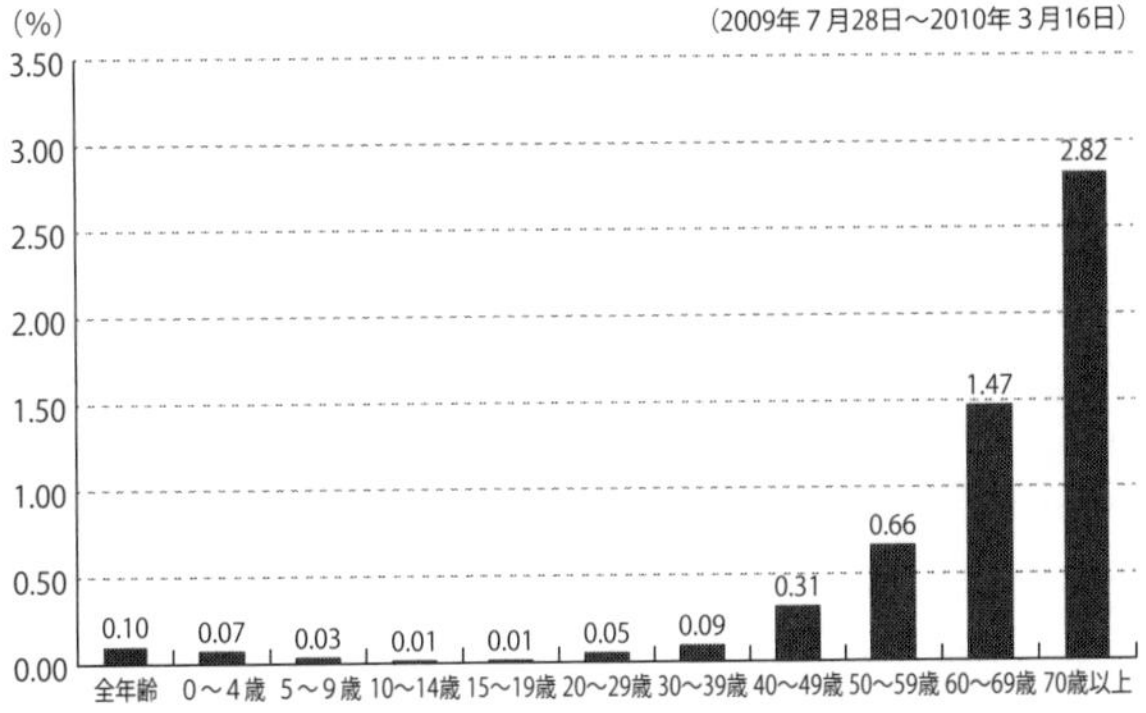

（国立感染症研究所 感染症情報センター「IDWR 2010年第10号ダイジェスト」より）

国立感染症研究所が出しているインフルエンザの年齢別の致死率をみると、50代は40代の2倍、60代は50代の2倍、70代は60代の2倍と、年代ごとに倍々に高まっているのが見てとれます（図表1）。

また感染症のほかにも、体の中でがん細胞の芽のような異物が生まれたときに、そうした異常な細胞を排除し、がんにならないようにしているのも免疫の働きによるものです。50～60代頃からがんになる人が多くなるのは、免疫力の低下も関係しています。

いうまでもないことですが、人も生物である以上、年齢が上がるとともに一歩ずつ「死」に近づいているということです。

毎年10万人前後が肺炎で命を落としている

実際に人の命を奪うという点で、新型コロナウイルスだけが格別な脅威かというと、決してそうではありません。

感染症のなかで、日本国内でもっとも多くの人命を奪っているのは肺炎です。肺炎は肺の組織に肺炎球菌などの細菌やウイルスが感染し、炎症を起こすもので、毎年10万人前後が肺炎で命を落としています。厚生労働省の「平成30（２０１８）年人口動態統計月報年計（概数）の概況」でも、この年に肺炎で亡くなった人は９万４６５４人。日本人の死因の第５位となっています（27ページ図表２）。

毎年冬場に流行を見せるインフルエンザも、決して軽視できない感染症です。季節性インフルエンザには日本国内だけでも例年１０００万人以上が感染し、そのうち数千人～１万人が亡くなっています。死者の数だけでいえば、インフルエンザは新型コロナウイルスよりも怖い感染症といえます。

［図表２］性別にみた死因順位別死亡数・死亡率（人口10万対）

死因	平成30年								
	死因順位[1)]	総数		死因順位[1)]	男		死因順位[1)]	女	
		死亡数（人）	死亡率		死亡数（人）	死亡率		死亡数（人）	死亡率
全死因		1,362,482	1096.8		699,144	1156.5		663,338	1040.3
悪性新生物（腫瘍）	（1）	373,547	300.7	（1）	218,605	361.6	（1）	154,942	243.0
心疾患（高血圧性を除く）	（2）	208,210	167.6	（2）	98,027	162.1	（2）	110,183	172.8
老衰	（3）	109,606	88.2	（5）	28,201	46.6	（3）	81,405	127.7
脳血管疾患	（4）	108,165	87.1	（3）	52,385	86.7	（4）	55,780	87.5
肺炎	（5）	94,654	76.2	（4）	52,149	86.3	（5）	42,505	66.7
不慮の事故	（6）	41,213	33.2	（6）	23,653	39.1	（6）	17,560	27.5
誤嚥性肺炎	（7）	38,462	31.0	（7）	21,654	35.8	（7）	16,808	26.4
腎不全	（8）	26,080	21.0	（10）	13,230	21.9	（9）	12,850	20.2
血管性及び詳細不明の認知症	（9）	20,526	16.5	（15）	7,378	12.2	（8）	13,148	20.6
自殺	（10）	20,032	16.1	（9）	13,854	22.9	（15）	6,178	9.7

注：1）（　）内の数字は死因順位を示す。
2）男の第８位は「慢性閉塞性肺疾患（COPD）で死亡数は15,319、死亡率は25.3である。
3）女の第10位は「アルツハイマー病」で死亡数は12,437、死亡率は19.5である。
4）「結核」は死亡数が2,204、死亡率は1.8で第30位となっている。
5）「熱中症」は死亡数が1,578、死亡率は1.3である。

（厚生労働省「平成30年（2018）人口動態統計月報年計（概数）の概況」より）

さらに、感染症以外の病気で亡くなる人たちもはるかに多くいます。

同調査では、脳梗塞や脳出血といった脳血管疾患で亡くなる人は、肺炎よりも少し多く、年間約11万人です。心筋梗塞や心不全などの心疾患の死亡数は約21万人、そしてがんで亡くなる人は年間約37万人に上っています。これらをすべて合わせた全死亡数は、約１３６万人。全国で１カ月あたり11万人以上、１日あたり３７００人余りの人びとが、さまざまな原因でかけがえのない人生を終えています。

つまり、新型コロナウイルスが広ま

る前も、「死」は私たちの身の回りに当たり前にあったわけです。しかし私たち日本人は、その現実が自分や家族といった〝わが身〟にふりかかるまでは、なぜか死から目を背けてしまい、思考停止になってしまう傾向があるように思います。

何歳になっても「死なせない」医療が続く

新型コロナウイルスの治療でも、各国の死に対する考え方により、それぞれ対応に違いがあります。欧州のいくつかの国など、日本より早い時期から高齢化が進んだ社会では、国民に「人は死にゆくもの」という死生観が浸透しています。そのため新型コロナウイルス感染者の治療においても、年齢によるトリアージ（搬送や治療の優先順位）が行われた国もあります。

つまり、ベッドが一つしかないとき、年をとった感染者と若い感染者がいた場合、若い感染者のほうを優先して治療するということです。いわば年齢による〝命の選別〟が行われたわけですが、それに対して国民からも特に批判の声は上がっていないと聞きます。

この背景には、年をとっている人はすでに長い期間を生きてさまざまな社会資源の恩恵を受けているため、高度医療を受ける機会を若い人にゆずることが社会資源の公平・公正な配分である、といった考え方もあるようです。

対する日本では、どんなに高齢で弱った人でも、ＰＣＲ検査で陽性が判明すれば強制的に入院させられ、重症化すればほとんど自動的に人工呼吸器やＥＣＭＯ（体外式膜型人工肺）が装着され、濃厚な治療が行われます。

さらに、日本老年医学会は２０２０年８月に「医療崩壊が起きたような現場においても、暦年齢のみでトリアージをしないように」という提言を行っています。暦年齢のみを基準としてトリアージを行うのはエイジズム（年齢差別）であり、最大限の努力を払って避けるべき、と強調しています。

私自身も、年齢だけで命の選別をすべきだとは思っていません。ただ、どんな状態の人でも同じように「命を救う」「死なせない」医療を行うだけでいいのか。そのことは日本社会で早急に議論していく必要があると感じています。

実は、日本老年医学会は同時にもう一つの提言をしています。それは、新型コロナウイルスに感染していても、「高齢患者やその家族が入院治療や積極的な治療を望まないときは、可能な限り、それを尊重すべき」ということです。

特に新型コロナウイルスのような新しい感染症では、治療において公共の利益が優先されやすいものです。感染拡大を抑えることが何より優先され、本人が望んでいない治療までが行われやすい状況といえます。

しかし、本人が治療を望まないときはその意思を尊重し、人工呼吸器などの治療を控えるといった姿勢は、革新的であり重要な提言です。現在の感染症と格闘している医療現場でそれが実現できるかは、なかなか難しい面もあるかもしれませんが、非常に大切な問題提起だと感じます。

「死ねない老人」がますます増える可能性

私は、地域医療を担う医師として外来とともに在宅医療を行っていますが、在宅医療や介護の現場でも、やはり新型コロナウイルス感染症の影響は甚大です。

私自身も訪問診療を行っている患者さんやご家族に、「感染が怖いから、うちには来ないで」と言われることもありますし、デイサービスをはじめとした介護サービスの利用を控えている人も少なくありません。

また今は自立しているお年寄りでも、感染を恐れて買い物や散歩などの外出を極力控えて、何カ月もほぼ家にこもりきりという人も大幅に増えています。家で安静に過ごすだけの時間が続くと、高齢者はあっという間に体力が落ち、フレイルに陥ります。

フレイルとは加齢とともに心身の活力が低下し、脆弱・虚弱になった状態のこと。高齢者は健康で自立した状態からフレイルを経て、要介護に進むことがよくあります。

フレイルになると筋力低下によって歩行が不安定になり、転倒・骨折のリスクが高まります。また日常生活の活動量が減ると血流も悪くなり、脳梗塞などの血管事故のリスクも高まります。体を動かしたり人と会話をしたりする機会が少なくなると、うつ病や認知機能低下につながることも少なくありません。

このまま感染を恐れて家にこもる生活が続くと、日本では新型コロナウイルス感染症で命を落とす人よりも、フレイルによる転倒や脳梗塞といった二次被害のほうが、はるかに大きくなるのではないかと危惧しています。

老年医学に詳しい精神科医の和田秀樹氏も、作家の林真理子氏との対談で、今の単純な〝予防一筋〟のコロナ対策について、次のように指摘しています。

（林氏）「最初のころは『家でじっとしていなさい』の一点張りだったのが、最近はちょっとブレーキをゆるめて、アクセルを少し踏み始めたかなという感じもします。」

（和田氏）「そのときに『命か経済か』の議論をするわけですよね。でも、僕ら精神科医からすると『命と命』なんですよ。今の対策のままだと自殺も増えるし、高齢者の数年後の死亡率だっておそらく増えるだろう。それを考えると、コロナで死ぬ人の命を守るのか、メンタルがやられた人とか高齢者の命を守るのかという『命と命』の話になってくる。アクセルも踏んでもらわないとメンタルヘルスが守れないし、高齢者の足腰とか脳の状態も守られないわけですから、『命と命』だと思ってるんです」（『週刊朝日』２０２０年11月20日号「林真理子　ゲストコレクション」より）。

和田氏が警鐘を鳴らすように、たとえ感染症を予防できても、ほかの面で高齢者の命が危機に直面していると考える医療・介護関係者は少なくないようです。

そして転倒したり、脳卒中になったりする高齢者が増えれば、本人や家族が介護で大変な思いをするというだけではありません。

重症の状態で救急搬送される高齢者に対して、搬送された先では自動的に心肺蘇生などの救命処置が施されます。年をとって「もう入院はしたくない」、「積極的な延命治療は望まない」という人でも、本人の望みと異なる治療や入院を強いられることになります。

つまり今後しばらくの間、人生の終盤に、自分の意思に反する医療によって生かされる「死ねない」老人がますます増える可能性もあるのです。

コロナ禍を経験した今こそ、死を考えよう

そうした不幸な事態を避けるために、今、私たちにできることは何でしょうか。

高齢者の生活という点では、まだ終わりの見えない新型の感染症の予防に努めながら、買い物や散歩に出かける、デイサービスに通うなどして、体や頭を動かす機会を減らさな

いようにすることです。基本的に戸外は自然に換気ができていますから、人との距離を保てば感染のリスクを抑えられます。

そして、もう一つ大切なことは「自分や家族に、何かあったときにどうするか」をしっかり考えてみることです。本書の冒頭でも述べたように、生きていることは死と隣り合わせでもあります。ある程度の年齢になれば、思いもよらないときに突然に携帯電話が鳴り、高齢の親や夫、妻が倒れたと告げられる可能性は誰にでもあるのです。

そのとき、どのようにして本人の意思を確認したり、治療を考えたりするのか。そうしたことをぜひ〝自分事〟として具体的に考えてみてほしいと思います。

本来、人の致死率は１００％です。死の原因は感染症のこともあれば、心疾患やがんなどの慢性疾患の場合もあります。そこまでに至る経過は人によって異なりますが、どんな人も最後に必ず人生の終わり＝「死」を迎えます。

新型コロナウイルス感染症の世界的流行という未曽有の経験を経て、死をより身近に想像できるようになった今こそ、その絶好のチャンスだと思います。

［第2章］

「穏やかに逝きたい」――本人の希望が叶いにくい日本の高齢期医療の問題

介護保険開始から20年、幸せな老人は増えたのか

前章で、新型コロナによって「死」が身近になったという話をしました。「ウイルスに感染したら死ぬかもしれない」とイメージすることが、自分や身近な人の「死」を具体的に考える契機になるとすれば、それは日本社会にとって悪いことではないのかもしれない。私はそう思っています。

なぜ医師である私が「死」のイメージを重視するのかと、疑問に思われる人もいるかもしれません。それは一言でいえば、現在の日本の高齢期・終末期の医療にはまだまだ混乱が多く、なかなか高齢者や終末期の人の「本人の希望」が叶わない現実があるからです。それによって先に逝く人だけでなく、周りの家族もさまざまに迷い苦悩して、死後にも深い後悔が残ることが多々あります。

私はこれまで25年以上、地域医療・在宅医療に携わってきましたが、そういう事例を数えきれないほど見てきましたし、今現在もそれは続いています。

日本に介護保険制度が導入されたのが２０００年のことです。

それからちょうど20年が経ち、在宅医療や終末期医療という言葉自体は、社会に広く知られるようになっています。介護保険が始まった当初に比べると、本人や家族が希望すれば、自宅や施設での在宅療養・在宅看取りも選択しやすくなりました。

この新型コロナによっても、「病院ではなく在宅で看取りを」という要望は明らかに増えており、今後もしばらくはこの傾向が続くはずです。

さらに病院の医療も、以前のように体力の衰えた高齢者に対して「何がなんでも治療する」「一分一秒でも命を長らえる」というムードは少し変化しています。痛みをとって生活の質（ＱＯＬ）を上げる緩和ケアを受けられる病院や、看取りまでを行う病院も増加しています。こうしてみると、日本の高齢期・終末期の医療も少しずつですが、前進しているのは確かです。

しかしながら、実際の医療・介護の現場で、高齢者本人が本当に望む医療や看取りが実現しているかというと、必ずしもそうではありません。

高齢者の家族の意向や、従来の延長の医療・介護システムのなかで、高齢者のみならず家族や医師、医療・介護スタッフなどの関係者までもが翻弄されてしまうケースは後を絶ちません。

高齢期医療は「頑張ればいい」わけではない

近年は、人生の終わりに「苦しいだけの延命治療は受けたくない」と考える人が多くなっています。「回復の見込みがなくなったときは、命を長らえるだけの治療はいらない」と考えるのはごく自然な感情だと思います。

厚生労働省が2018年に行った調査でも、末期がんで終末期にあると仮定して「希望する治療」を尋ねた設問では、心臓マッサージなどの蘇生処置や人工呼吸器装着、胃ろうなど、延命治療のイメージが強いものは「希望しない」と回答した人が65〜71%に上っています（39ページ図表3）。

それでは、いわゆる延命治療以外の治療はどうでしょうか。

実際の高齢期の医療・介護では、延命治療よりもっと手前の状態が長く続くことも多い

［図表３］ 終末期における希望する治療法

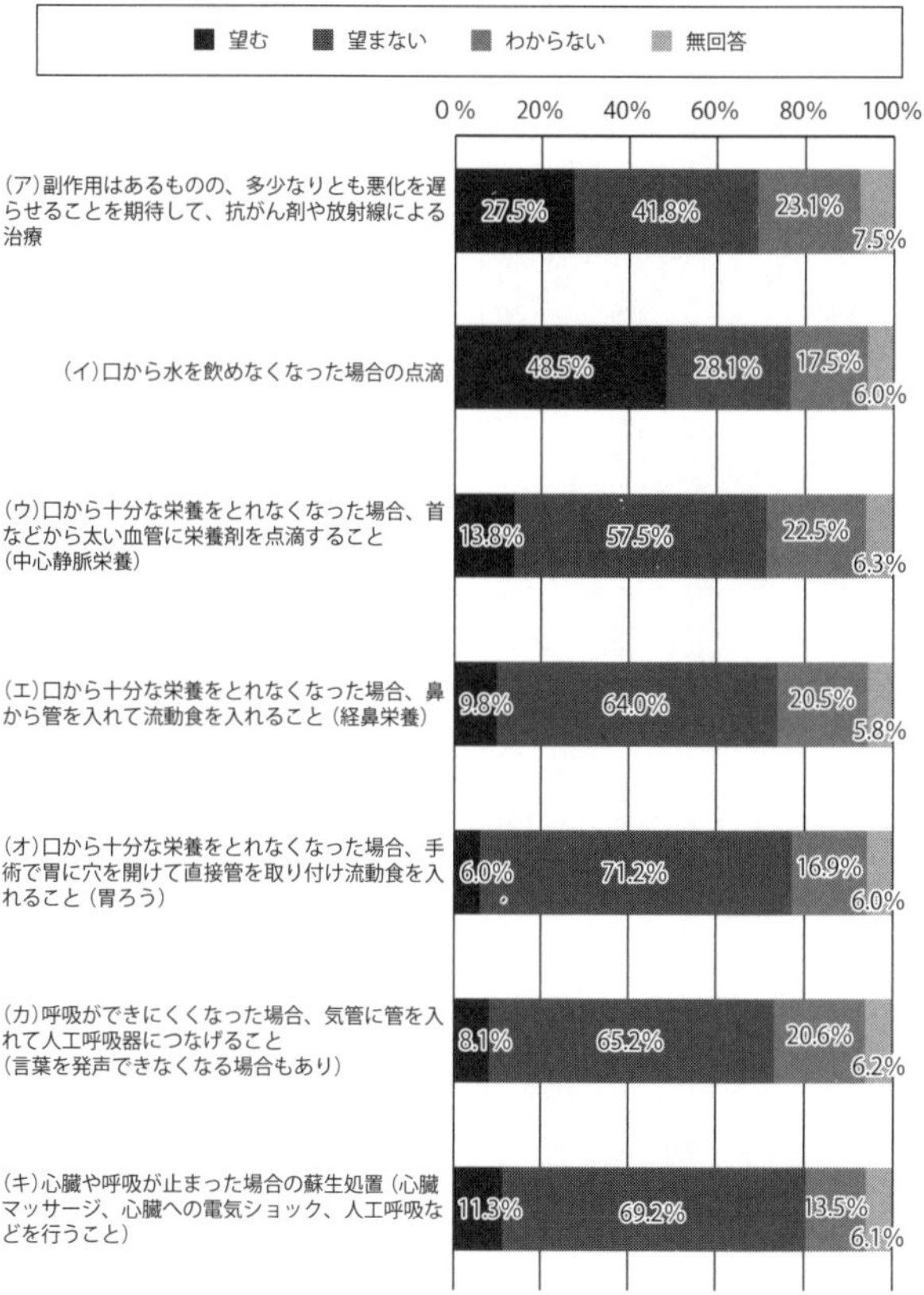

（厚生労働省「平成30年 人生の最終段階における医療に関する意識調査」報告書より）

ものです。「回復の見込みがあるかもしれないし、ないかもしれない」「少しは改善するかもしれないが、全体としては状態が落ちていく」、そういう時期には皆さんはどんな医療を望むでしょうか。

例えば、歩行や生活のための機能を維持するリハビリテーションも高齢期に多い医療の一つです。最近は、体力の衰えた高齢者に対し、しっかりリハビリや機能訓練を行うことが〝良い〟とされています。各種の研究から、いったん体の衰えが進んだ人でも、リハビリによって機能を取り戻せる例もあると分かってきたことも背景にあります。

またリハビリを頑張って、要介護になるのを予防したり遅らせたりすれば、医療費や社会保険料の節約につながることから、リハビリに力を注ぐのは本人や家族のためでもあり、社会のためでもある。そんな雰囲気があるような気がします。

そこで高齢者が入院したときも治療後早期から、なるべくベッドから起こして立たせる、歩かせるという熱心なリハビリが行われますが、私自身は「高齢者全員が同じようにリハビリを頑張らなくてもいいのでは」と疑問を感じることがあります。

もちろん高齢者本人に「また歩けるようになりたい」「自分でトイレに行きたい」とい

う意欲があるなら、どんなに高齢でもリハビリをする価値はあります。

しかし、80代、90代といった年齢になってくると、本人は「もう十分に生きたし、あとは寝たきりでもいい」「寝ていたほうがラク」というのが本音のことも増えてきます。それにもかかわらず、周りが叱咤してつらいリハビリを強いるのは、いったい誰のためなのかと考えてしまうことがあります。

特に高齢の親を介護する子ども世代は、「もう一度、元気な姿を見たい」という気持ちをもつ人が多いようです。家族に「いつまでも元気でいてほしい」と思う気持ちは私も理解できます。ただそれが本人の気持ちと乖離してしまうと、逆に本人を苦しめることになる例も少なくないと感じます。

当院の患者さんで、70代の母親を40代の息子さんが介護しているご家族がいます。母親は過去に乳がんを経験した以外、大きな病気はありませんが、この5年ほどは認知症の症状が進んでいます。昼夜が逆転し、夜になると元気になって動き回るのですが、足腰やバランス感覚が弱っているためにたびたび転んで骨折し、入退院を繰り返しています。4回目の入院時も、病院では治療後に歩行のリハビリが行われる予定でしたが、私のところに退院後の相談をしにきた息子さんの口から「もうこれ以上（リハビリをしなくて）いいのでは……」という言葉がポロッとこぼれたことがあります。

息子さんからすれば、母親が夜中に歩き回れば寝る暇もありませんし、不安定な歩行では常に転倒・骨折のリスクも伴います。国内では以前、徘徊によって電車にはねられて、多額の賠償責任が生じたこともありました。

「むしろ、寝たきりでいてくれたほうが助かる」。そんな気持ちが思わず出てしまったのが、先の言葉だと感じました。

ですから、すべての人が同じようにリハビリを頑張るのが〝正しい〟わけではないのです。本人や家族の負担を考えて歩行のリハビリはせず、ベッド上でも食事を安全にとれるように嚥下の訓練だけをする、といった方針があってもいいと思います。

治療方針を決める医師もどこかの時点で「年をとって衰えること」やその先の「死」を受け入れ、本人の気持ちや家族の状況なども考慮しながら、もっと柔軟に方針を検討していくことも必要です。

日本人に染み付いた「何かあったら救急車」

高齢期・終末期医療の混乱ということでは、高齢者の救急搬送が急増していることも、大きな社会問題になっています。

救急搬送数は自治体によって差はありますが、当院が立地する埼玉県川口市の消防署に年代別の救急搬送数の統計をとってもらったところ、2012年に2万1113件だった搬送数は、2016年に2万3625件に増加していました。

わずか4年の間で2512件増加したわけですが、年齢別でみるとこのうち65歳以上の搬送が2325件を占めています。つまり、増加分の93％が65歳以上の高齢者でした。

本来、救急搬送の目的は、突然の事故や病気など不測の事態によって生命に危険が迫っている傷病者の元へ駆けつけ、必要な処置を行いながら病院の救急医療へとつなげる、というものです。

がんの末期の患者さんや慢性疾患をいくつも抱える高齢者が「急に高熱を出した」とか

「意識がおかしい」という場合、それはだんだんと体が弱っていく経過の一つであり、不測の事態でもなんでもありません。

しかし、日本では国民全般に「何かあったら救急車」「万一のときは119番」という意識がとても強く、高齢者の容態が変わるたび、すぐに救急車が呼ばれます。

こうしたたび重なる救急車要請によって、医療現場が混乱に陥るケースは少なくありません。私自身も救急車を呼ばれて困った経験は何度もありますが、一つ最近の例を挙げるとすれば、Fさんのケースがあります。

◆事例①　在宅死で、警察と主治医がひと悶着

60代の男性Fさんは当時、在宅療養を始めて1年が過ぎた頃でした。

当初、Fさんと奥さんは夫婦でともにがん闘病をされており、病院でつらい治療を受けるより、家で好きなお酒を飲んだり、自然に過ごして亡くなりたいという希望で、在宅療養をスタートしました。半年前には奥さんを在宅で見送り、その後は夫婦で住んでいたマンションで、Fさんは一人暮らしを続けていました。

一人になってからのFさんはしばらく当院の外来に通っていましたが、次第に体調が悪化。だんだん立つのも辛い状態になり、在宅医療に切り替えたばかりでした。

そして定期訪問診療を予定していた水曜日。

私は約束の時間に看護師を伴ってFさん宅を訪問。玄関でインターホンを押しましたが、しばらく待っても応答がありません。私は内心「嫌な予感がするな」と思いながら、マンションの管理人に連絡。すると管理人は居住者の鍵は持たない決まりで、親族を呼ばなければならないと話し、近くに住んでいるFさんの妹に電話をしました。

少しして駆けつけてきた妹さんに鍵を開けてもらい、私たちが中へ入ると、風呂場の浴槽の中で水に沈んだ状態のFさんを発見しました。

Fさんの気の毒な姿に一瞬息をのみましたが、そこで嘆いている時間はありません。まずFさんを浴槽から運び出さなければならないため、急いで浴槽の水を抜き、私と看護師、妹さんの三人で重いご遺体を持ち出せるかどうか……と思案していると、ふと振り向くと救急隊員が立っています。

私が驚いて「なんで救急隊がいるの?」と思わず聞くと、救急隊員の後ろにいたマンションの管理人が「私が呼びました」と震える声を振り絞っています。がっしりした体格の救急隊員がその場にいるので、とりあえずFさんを運び出すのを手伝ってもらいましたが、問題はそのあとです。

救急隊員は心肺停止を確認して、すぐに警察に連絡。救急隊と入れ替わりで到着した警察官が検視を始めようとします。私が「この人はがん終末期の患者さんであり、入浴中にがん組織から出血したのが死因。主治医がここにいて病死と言っているのだから、検視は不要」と強く反論しましたが、警察官も「私たちも任務ですから」と言ってなかなか譲りません。

しばらく私と警察ですったもんだをしたあとに、私が死亡確認をしたという一筆を書いて持たせることで、ようやく警察官は帰っていきました。

警察が引き上げてから、私はマンションの管理人に対して「医師がいるのになんで救急車を呼ぶんですか」と聞いたら、管理人は「居住者に何かあったときは、救急車を呼ぶのがマニュアルなので……」と繰り返すばかりでした。

在宅看取りを希望していたのに、救急車で病院へ

Fさんのケースのように集合住宅の管理人や、新聞が何日分も溜まっているのに気づいた新聞配達員などが住人の「異変」に気づいて救急車を呼ぶのは、ある意味仕方がない面もあります。本人の生活や病状をよく知らない第三者だからです。

しかし、がんの終末期の患者さんや長く闘病をしてきた高齢者で、自宅や高齢者施設での看取りの意思表示をしていた人でも、いざというときに救急搬送になる例は珍しくありません。私の印象に残っているのが、Yさんのご家庭です。

◆事例② 家で看取るか搬送するかで、きょうだいが決裂

Yさんは70代の女性です。大腸がんの終末期であり、埼玉県立がんセンターからの紹介で当院に来られました。

1月の初診の頃は、同居する娘さんと一緒に外来に歩いてこられるくらい元気がありましたが、3月頃には通院困難になり、在宅医療に切り替えに。だんだんと食事もとれなく

なり、点滴で栄養を入れるようになりました。4月になると時折意識がおかしくなる、せん妄のような混乱状態に陥るなど、最終段階が近づいている兆候が増えましたが、Yさんと介護を担う娘さんは、そのまま自宅で最期まで過ごすという意思を示していました。

5月の初めのある夜、「Yさんの呼吸がおかしい」と娘さんが電話をしてきました。私が急いで訪問すると、Yさんは心臓の周りに水が溜まった状態で、今にも息が止まりそうな差し迫った状態です。

私は取り急ぎ、胸に溜まった水を抜く処置をしてなんとか心拍は再開したのですが、呼吸は弱く「このままだと間もなく亡くなります。自宅で看取るのでいいですね？」と最終確認をすると、娘さんは「ちょっと待ってほしい。兄に相談する」と言って、離れた地域に住む長男に電話をかけました。

すると、母親に最期が迫っていることを知った長男が、すぐさま救急車を呼んでしまったのです。救急隊が到着したときに、Yさんは呼吸停止の状態で救急隊員はすぐ蘇生を始めようとしましたが、その流れに難色を示したのが娘さんです。

呼吸が止まり意識を失ったYさんの周りで、電話越しに長男は蘇生を望み、救急隊は

「いいですか、（蘇生を）やりますよ！」と気色ばんでいて、娘さんが抵抗して泣き崩れているという、ちょっとした修羅場のようになってしまいました。

結局、Yさんはその場で蘇生処置を行って病院に救急搬送されていき、それから5日ほどして搬送先の病室で息を引き取りました。

この間、Yさん自身はすでに意識がなかったので苦痛は感じなかったかもしれませんが、母親の闘病をずっと見守ってきた娘さんはもちろん、私自身にも「病院に運んで本当によかったのか」という苦い思いがいつまでも残ったのも事実です。

混乱を大きくする「遠い親類」の思惑

実際問題として、自宅での看取りの方針を決めていた家族でも、いよいよというときになって自宅か病院かで迷うことは少なくないものです。

以前にも、末期がんの妻を夫が介護しているご夫婦がいました。妻の希望は在宅死で、夫もそれを受け入れていましたが、妻が意識を失っていよいよというときに、夫が救急車を呼んだケースがありました。結局、奥さんはやはり搬送先で間もなく亡くなったのですが、死後にご主人と話をして、なぜ救急車を呼んだのかを尋ねたら「もう一度、もち直すかもしれないと思った」と素直な思いを教えてくれました。

そのように家族が一縷の望みをかけて救急車を呼ぶというのは、ある程度はやむを得ないと思います。亡くなっていく本人に苦痛がなく、家族も納得したうえであれば、それはそれでもいいと思います。

しかし、Yさんの事例のように親御さんの思いを受け止めて、近くで寄り添ってきた人の思いが最後に踏みにじられ、死後に後悔だけが残るような状況は、本当にしのびないと感じます。

また、心身の弱った高齢者を救急搬送すると、一命はとりとめても意識がないまま管につながれて生かされる——というリスクにもなることを知っておいてほしいと思います（このあたりは前著『死ねない老人』にも詳しく書きました）。

人生の終わりが迫った段階で、突如として親族が現れて終末期医療や看取りの方針を混乱させることは、「遠い親戚」問題として医療・介護現場でよく知られています。

これは終末期医療に家族の意向が大きく影響する日本的な現象のように思えますが、個人主義が徹底しているイメージのアメリカでも「カリフォルニアから来た娘症候群」という同じような事例が報告されています。

高齢者の近くで介護をしてきた人は、本人の様子を間近に見て、闘病や介護の苦労をともにするなかで次第に「十分に頑張った、あとは好きなように過ごさせてあげたい」「穏やかに見送りたい」という気持ちになることが多いものです。

けれども、遠方にいる親族はそれまでの経過を知らないため、「病院へ行けばまだ何かできるはず」という思考になりやすく、そこで家族間の葛藤が起こります。

これは私の想像ですが、Yさんの長男のようにそれまで介護に関わってこなかった親族には、心のどこかに後ろめたさがあるのかもしれません。だから「最後くらい、せめて何かをしてあげたい」という気持ちから、救急搬送や濃厚な治療を望むような気もします。要するに遠い親族も含め、誰も悪意があるわけではないのですが、結果的には終末期や看取り時の混乱により、本人や周囲が苦しむことになります。

蘇生処置をやめられない救急隊員

高齢者の救急搬送については、救急医療の現場もかなり対応に苦慮しています。まず挙げられるのが、救急車を要請したものの、本人や家族などが蘇生や搬送を望まないという「蘇生拒否」の問題です。

2019年に、朝日新聞社が都道府県庁所在地と政令指定都市の計52消防本部を対象に行った調査では、約6割（32本部）がそれまでに蘇生拒否の意思を示された経験があり、約4割（20本部）が記録上、あるいは現場の感覚として蘇生拒否が増えている、と回答しています（53ページ図表4）。

救急車を呼ぶ理由は、Yさんのように現場で家族間の意見が食い違うこともありますが、単に家族や施設職員が高齢者の急変を目の当たりにして動転して119番通報をしてしまい、後から「心肺蘇生を希望しない」という方針を思い出して、救急隊に蘇生中止を求めるケースもあります。

［図表４］消防本部を対象に行った蘇生拒否の現状

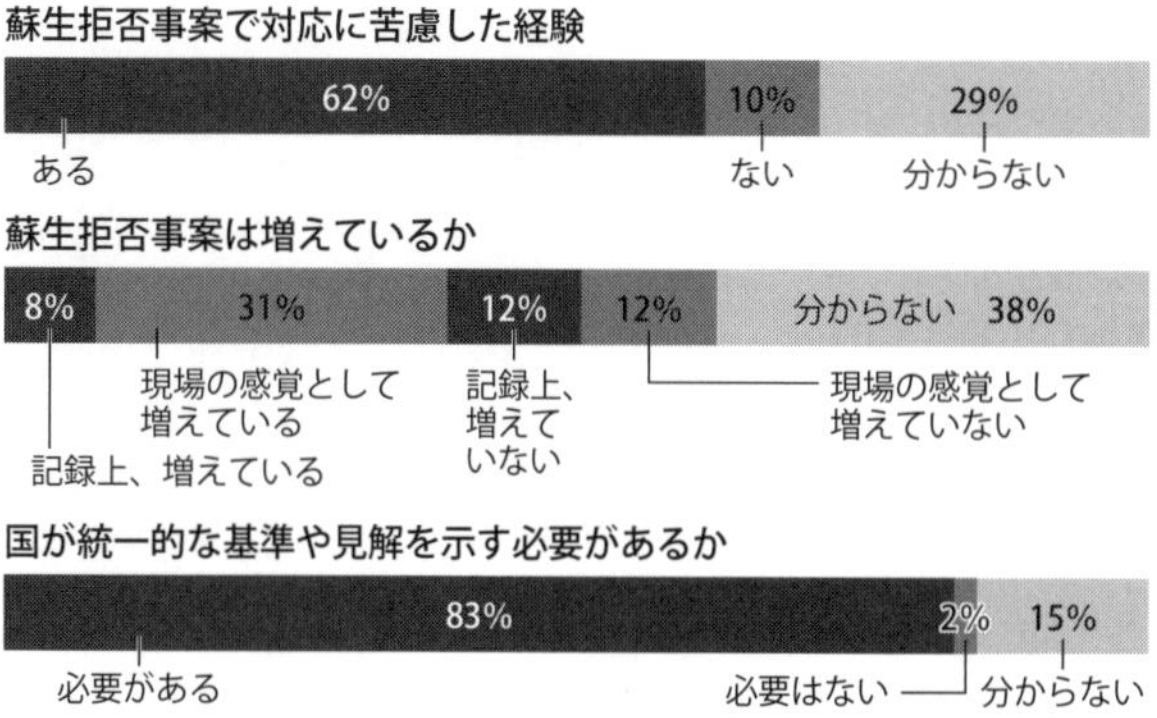

（朝日新聞社 2019年「蘇生拒否の調査」より）

総務省消防庁「傷病者の意思に沿った救急現場における心肺蘇生の実施に関する検討部会」が２０１８年に行った調査では、本人が心肺蘇生を望まないのに家族らが救急車を呼んだ理由には次のようなものが挙がっていました。

・動転、パニックに陥った、何をしたらよいかわからなくなった
・家族間での情報共有不足、意見の不一致
・施設職員間での情報共有不足
・施設で救急車を要請するというルールになっている、逆に救急要請のルールがない
・かかりつけ医に連絡がつかなかった

・心停止の判断がつかなかった
・死亡診断、死亡確認のため　等

しかしながら、現状の総務省消防庁の基準では、心肺停止した傷病者の元に救急車が出動したときの救急隊の任務は、原則として次の二つしかありません。

①救命の可能性が少しでもあれば、心肺蘇生を行う
②確実に蘇生の可能性がないと判断されたときは、警察に通報する

つまり、現時点では蘇生中止を定める法律がないため、家族の意向や本人の意思によって蘇生中止を求められても、救急隊は蘇生をやめるわけにはいかないのです。

救急隊員も、高齢で骨も弱くなった体に胸骨圧迫をすれば肋骨が折れるなど苦痛を与える可能性があることも知っていますし、「これ以上、苦しめないで」と必死に訴える家族の気持ちも理解しています。

それでも一度出動した以上、任務として蘇生をせざるを得ないため、多くの救急隊員は良心の呵責に耐えながら業務に当たっています。なかには心肺停止の高齢者に心臓マッサージをする〝ふり〟をしながら、病院に搬送したという救急隊員もいると聞きます。

こうした問題を受け、自治体によっては「蘇生中止」の基準を作成し始めているところも出ていますが（第6章、168ページも参照）、東京などまだ一部の自治体にとどまります。当院のある埼玉県川口市でも、残念ながらまだ基準は整備されていません。

社会資源という視点でいえば、救急車1台を走らせるのも「タダ」ではありません。無用なコストを削減し、救急救命に関わる資源を本当に必要な人・必要なときに集中させるという意味でも、国としての明確な基準づくりが急がれます。

病院のICUは高齢者でいっぱい

救急車の搬送先の医療機関でも、関係者の苦悩は大きくなっています。

私の友人で、ちょうど地域の基幹病院の副院長をしている医師がいます。病院は、現在新型コロナウイルスの重症者への対応を迫られているところが多いと思いますが、コロナ騒動の少し前に会ったときには「この20年余りでＩＣＵ（集中治療室）の風景も大きく様変わりした」と語っていました。

彼が救急医療に携わるようになったのは１９９８年頃ですが、当時のＩＣＵに運ばれてくる人には高齢者もいる反面、交通事故でけがをした人や誤って大やけどを負った人、自殺を図った人など、若い世代の患者も多かったといいます。そういう若い人たちを治療し、社会復帰をさせるのが救急医の使命だったわけです。

実際に退院して元気になった若者があとで病院を訪ねてきて、救急医に御礼を伝えたりするシーンもあり、それが常に高い緊張を強いられるＩＣＵで働く医師たちのやりがいやモチベーションを支えていた面があります。

しかし最近のＩＣＵの病床は80代、90代という超高齢者が大半だということです。自宅や高齢者施設から救急車で運ばれてきた高齢者が、ほとんどの病床を埋めているのです。

例えば90代のお年寄りが肺炎で運ばれてきて、この人を治療して助けたとしても、社会復帰ができるわけではありません。必死に治療をして命をつないでも、高齢者では入院中に夜間せん妄を起こして夜中に騒ぎ出す人もいますし、認知症が進んでしまうこともあります。

高齢者施設から救急搬送されてきた人を治療し、1カ月して運よく人工呼吸器が外れたときには「よかったね」と言えますが、その場合ですら、入院治療中は施設を退去した扱いになっていることが多く、元の施設に戻れないケースがよくあります。結局、命をとりとめた高齢者は、別の施設や療養型病院のベッドの空きを探して転々とすることになります。

こうした状況を話しながら、その医師は「若い救急医のモチベーションも保ちにくいし、高齢世代ばかりを苦労して治療することにどれだけの社会的意義があるのかと考えてしまうこともある」と漏らしていました。

一人暮らし高齢者が亡くなると警察の出番

終末期や救命に関わる社会資源には、救急隊や救命救急センターなどのほかに、警察もあります。

一人暮らしの高齢者が在宅で容態が悪くなり、心肺停止の状態で第三者が発見した場合は、警察に通報するのが基本です。救急隊員が駆けつけた時点で救命の可能性がないと判断したときも警察が呼ばれ、検視となります。先の事例①のFさんのケースも、主治医の私が止めなければ確実に検視になっていたはずです。

検視とは、おおまかにいえば、死因が分からない死亡（変死・異常死）に対し事件性・犯罪性がないかを確認するために遺体を調べる手続きです。病院の管理下で死亡したときや、在宅でも治療中に死亡し、かかりつけ医が死因に不審な点がないと確認できれば検視は不要になりますが、それ以外の死亡はすべて検視の対象になります。

より正確には、警察官や検察官が体の表面を見て調べるものを「検視」といい、監察医や法医学者が医学的に死因を調べる作業を「検案」といいます。画像検査で死因を調べるAｉ（オートプシーイメージング：死亡時画像診断）も検案の手法の一つです。

また事件の可能性がある場合は、医師が遺体を解剖して死因を特定する「司法解剖」が行われることもあります。

私自身も、一人暮らしで在宅死された患者さんのケースで、何度か警察の検視に立ち会ったことがありますが、できれば自分や家族が検視の対象になるのは避けたいと感じます。

家族の目に触れない場所に移動はしますが、衣類をすべてはがされたご遺体がブルーシートの上に無造作に置かれ、全身をくまなく確認される様子はただただ「痛々しい」の一言です。法律上やむを得ないとはいえ、亡くなった本人にもご家族にもつらい経験でしょう。

そのため自院の患者さんやご家族には、異変を知ったときは、まず救急隊や警察ではなく、主治医の私に連絡をしてほしいと常々お願いしています。

当院の患者さんのご家族の〇さんも、一人暮らしをしていた父親が亡くなった際、検視を経験されています。かかりつけ医がいない健康な高齢者が、一人で亡くなると検視が避けられないことも多く、参考までに〇さんの事例を紹介します。

◆事例③　健康だった高齢者が亡くなり、検視に6時間

5年ほど前に、Oさんは同居していた義理の父親を在宅で看取りました。Oさんの実家は車で1時間ほどの距離ですが、4年前に母親が亡くなってからは父親が一人で生活をしていました。父親は80代になっても持病もなく健康で、Oさんも健康面では特に心配はしていなかったそうです。

しばらく仕事や家のことが忙しかったOさんが、「最近、父の顔を見ていないな」と思い立ち、次の週末に2カ月ぶりに実家を訪れると、実家の玄関は開いているのに声をかけても返事がありません。Oさんが室内に入ると、居間の角に父親があお向けで倒れていたそうです。

驚いたOさんが119番通報をすると、状況を聞いた消防署の判断ですぐに警察が到着。父親は持病もなく、かかりつけ医がいなかったために、そのまま検視が行われることになりました。

別室で監察医が検案を始めたのが、午後8時頃のこと。死後それほど時間が経っていないようでしたが、倒れている間に父親のご遺体には腰などに床ずれができており、それを

指摘しながら虐待や暴力などの可能性がないかと、Oさんに対してもずっと事情聴取が続いたそうです。最終的には事件性はないという判断になり、すべてが終わったときには午前2時を回っていたといいます。

突然に父親を亡くし、悲しみと衝撃で呆然としているところに、6時間を超える検視と事情聴取が重なり、「以前に在宅で看取った義理の父とのあまりの違いに驚いたし、もうこんな経験は二度としたくない」とOさんは話してくれました。

一方、高齢者が一人で亡くなっていたにもかかわらず、その場にいた警察官の機転により、検視を避けて静かに見送ることができたケースもあります。

それがTさんの事例です。

◆事例④　警察官が、本人の診察券に気づいて主治医に連絡

Tさんは末期の肺がんを患っていた60代の女性です。ご主人と二人暮らしで、在宅で療養を始めて2カ月ほど経った頃のことです。

翌日に定期訪問診療を予定していた月曜日の夜、ご主人が外出先から帰ってみると、T

さんが台所近くの廊下で倒れていたそうです。ご主人は慌てて救急車を呼びましたが、救急隊が到着したときには心肺停止で、救急隊が警察に連絡をしました。

少しして警察官が自宅に到着し、倒れていたTさんの様子の聞き取りをしたり、持ち物を調べたりしました。すると、床に落ちていたTさんのカバンの中から当院の診察券が出てきて、警察官はご主人に最近も診療を受けていたかを尋ねました。ご主人が思い出して「そういえば明日、ここの先生に家に来てもらう予定だった」と伝えると、警察官から当院に電話がかかってきたのです。

そこで私がTさん宅に急行し、Tさんはがんの終末期であり、不自然な死ではないことを伝えてその場で死亡診断書を作成。診断書を確認すると、警察官は私たちに一礼をして引き上げていきました。

Tさんの場合、対応した警察官がこの地域の在宅医である私のことを知っていたことも幸いでした。ただこれはむしろ珍しいケースで、一人暮らし高齢者や家族が不在の間の在宅死について、現在は個々の警察官によっても対応が分かれている印象です。

「穏やかに死ぬ」のが大変な国

これまでに「死の前後」を巡る事例をいくつか紹介しました。

こうしてみてみると、現代の日本で人が一人亡くなることは、本当に大変なことだなと感じた人も多いのではないでしょうか。もちろん一人の人の人生が終わり、家族や親しい人に永遠の別れを告げるというのは、大変な出来事に違いありません。

しかし私からみると、終末期医療・介護についての国民意識や社会のしくみが、現実に追いついていないために生じる混乱も少なくない気がします。

日本は世界に類をみないほど高齢化が進んだ国であり、すでに〝多死社会〟に突入しようとしています。

2020年の敬老の日には、65歳以上の高齢者が3617万人と過去最多となり、総人口に占める高齢者の比率は28・7%に上ることが報道されていました。高齢化率は調査対象の201の国・地域のなかで1位であり、2位のイタリア（23・3%）や3位のポルト

［図表5］総人口及び高齢者人口の推移（2000年～2018年）

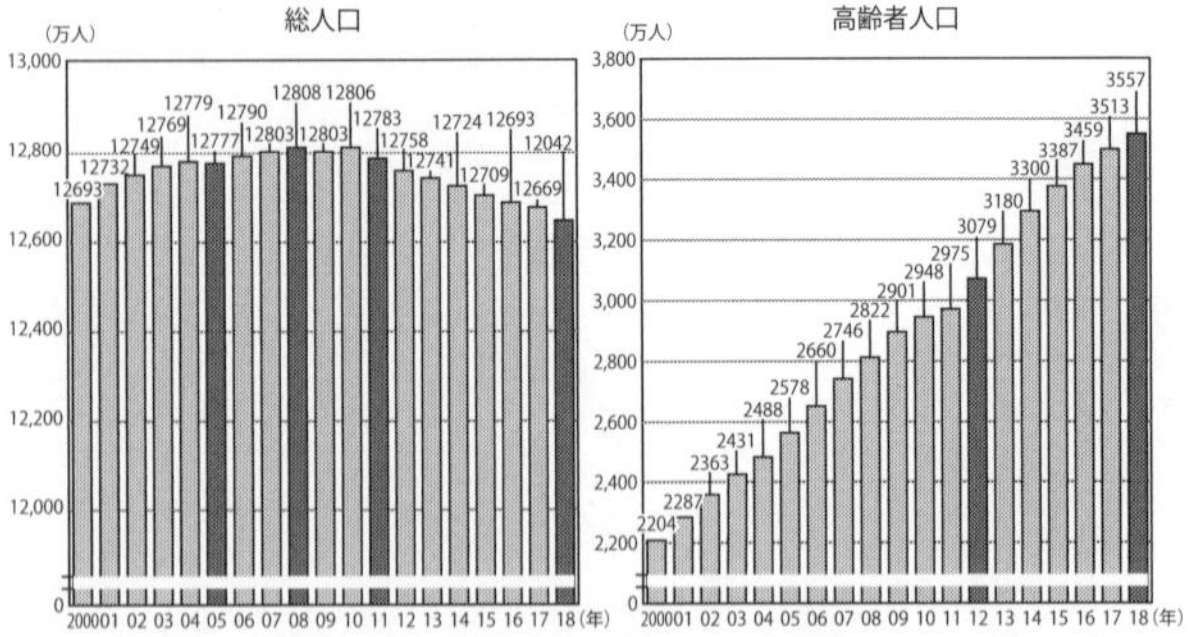

資料：2000年、2005年、2010年及び2015年は「国勢調査」、その他の年は「人口推計」
注）2017年及び2018年は９月15日現在、その他の年は10月１日現在
（総務省統計局 統計データ「平成30年 統計からみた我が国の高齢者」より）

ガル（22・8％）を引き離しています。70歳以上の割合でも22・2％で、女性では25・1％と国民の４人に１人の割合になっています。

こうした超高齢者の国・日本で、「穏やかな最期」や在宅看取りを希望する人までも「何かあれば119番」あるいは「警察へ通報」という対応を続けていると、この国の社会システムが崩壊してしまいかねません。

・高齢者本人は、意に反して救急車で運ばれ、苦痛を伴う蘇生をされる。
・救急隊員や救急医は、疑問や葛藤を抱えながら搬送や治療をこなす。
・治療の努力もむなしく高齢者が亡くなれば、家族には「これでよかったのか」という無

念さや後悔が残る。

・終末期でも一人で在宅死をすると検視などにより、家族は二重の苦しみを味わう。

これが、現代日本でみられる「死」の実情です。関わる人たちの誰も幸せにならないという悲しい状況が、日々各地で繰り返されているのです。

「死」を認められず、全力で避けるのが日本社会

私は、この問題の根本には、日本人が人生の終わりに必ず訪れる「死」を受け入れられないことが関係していると感じます。

国民全体の意識のなかにも、年齢や心身の状態、本人の意思などにかかわらず、いつかなるときも「死は全力で避けるべきもの」という感覚があるようです。

2020年7月、公立福生病院透析中止事件の民事裁判が行われました。これは2019年3月に、毎日新聞が「透析患者に〝死〟の提案（大阪版）」「医師、『死』の選択肢提示 透析患者死亡（東京版）」と題して一面で報道した事件で、医療関係者の間でも話題にな

りました。

ことの経緯は、腎臓病を患い人工透析を受けていた40代の女性に対し、公立福生病院腎臓病総合医療センターの担当外科医が、透析を続ける治療とともに透析をやめる選択肢を示したところ、女性は病院が用意した「透析離脱証明書」にサインをし、透析を中止し、1週間後に亡くなったというものです。毎日新聞の報道では、医師がまるで患者の治療を放棄し、死を誘導したかのような表現に終始していました。

私たち医療者からみれば、病院側は患者が透析を続けてくれたほうが収益になりますから、むしろ「患者の意思を尊重したまじめな医師」に思えましたが、この記事を書いた記者には、透析を続ける大変さや透析中止を自ら選んだ女性の本当の思い、そして、「本人の意思に基づく医療」というものに対する基本的な理解が欠けていたのかもしれません。

その結果、患者の死を招いたことを責め、糾弾するような論調になったのだと思いますが、全国紙でこうした報道がなされると、ますます社会が「死」を認められなくなると、私は暗澹たる気分になったのを覚えています。

私は「年齢で命を選別するべき」とか、「年をとったら（病気が進行したら）死んでも仕方がない」「全員が死を受け入れるべき」と主張したいわけではありません。

年齢にかかわらず、できる限りの治療を受けたいと〝本人が〟望むのであれば、それを行えばいいと思います。それができるのが日本の医療の強みですし、医療関係者もそれに応じて力を尽くすはずです。

けれども同時に、長く人生を生きた人や闘病を続けてきた人が「もう治療は十分だ、静かに人生を終えたい」と思うようになるのも自然な感情です。人生の終わりとしての死を受け入れ、それまでの時間を穏やかに過ごしたいという人がいれば、その思いも同じように尊重されるべきです。家族間の葛藤や社会システムの都合でそれができないのは、成熟した高齢社会とはとてもいえません。

そこで次章から、本人の思いを尊重する医療・介護のために、私たち一人ひとりが考えたいこと、行動しておきたいことについて具体的に示していきたいと思います。

［第3章］

「もしものとき」に備える「人生会議」とは

もしものとき、家族は必ず後悔する

どんな人でもある日突然に、家族や身近な人の命に関わる事態に遭遇することがあります。家族に高齢者や病気の療養をしてきた人がいる場合、その確率はさらに高くなります。そのとき本人が意思表示をできないと、家族は非常に「難しい選択」を迫られることになります。

例えば次のケースでは、皆さんはどのように考えるでしょうか。

患者本人は86歳の男性です。子どもが独立したあとは夫婦二人暮らしでしたが、妻に先立たれてからは一人暮らしをしています。高齢にもかかわらず病気知らずで、普段から元気で本人も自分の健康に自信を持っています。

ある日、地域のボランティア活動で外出していた際、突如として右手足のまひが出現。数分のうちに意識がなくなり、周囲の人が救急車を呼び、病院へ搬送されました。家族であるあなたにも急を知らせる連絡が入り、慌てて病院のＩＣＵに駆けつけます。

病院に到着すると、医師から検査の結果、重症の脳内出血という診断を受けました。医師は続けて「このままでは呼吸が止まってしまう可能性が大きく、救命できたとしても寝たきりになる可能性が高い」と険しい表情で語ります。

このような事態に直面したとき、あなたならどうしますか？

このとき現実には、家族の選択肢は二つあります。

①積極的な治療をするように要求する。
②積極的な治療をしないように要求する。

当然ですが、人により意見は分かれます。「もう一度元気になってほしい」という気持ちから、わずかでも回復の望みがあるならそれにかけて①を選ぶ人もいるでしょう。一方で、意識もなく寝たきりになるくらいなら、これ以上の治療はせずに静かに見送ってあげたいと考える人もいると思います。

どちらが正解かと問われれば、私は「どちらも正解」と答えます。しかし、ここで問題になるのは「どちらを選んでも、家族は後悔する可能性が高い」ということです。

なぜなら、①を選んで積極的な治療をしても回復しなかった場合、結果的に苦痛を伴う心肺蘇生や人工呼吸器装着によって、死に際に本人を苦しめてしまったのではないかという感情が生じるからです。

また、②を選んで積極的に治療をしなかった場合、治療をした場合に比べ、本人の寿命を縮めてしまったのではないかという思いを抱きやすいものです。下手をするとほかの親族から「お前が殺した」などと、心ない言葉を浴びせられる可能性もあります。

それでは、家族はどうすれば後悔をせずに済むのでしょうか。


解決策の一つとなるのが「もしも、このような事態が起きたときにどうしたいか」を、あらかじめ本人と話し合っておくことです。前もって話し合っておけば、家族ははるかに判断をしやすく、死後の後悔もゼロにはならなくとも、かなり軽減されることは確かです。

こうした話し合いのことをＡＣＰ（Advance Care Planning：アドバンス・ケア・プランニング、愛称：人生会議）といいます。

ACP（人生会議）とは何か

ACPとは、今後の治療・療養について、患者、家族と医療従事者らがあらかじめ話し合う自発的なプロセスを指します。

これは、もとは終末期医療の先進国である欧米で1995年頃に生まれたアプローチです。「終末期においては約70％の患者で意思決定が不可能」であるという実態を踏まえ、事前に病状の認識を確認し、あらかじめ本人の意思を聞いておけばよいのではないかということで、このような取り組みが始まりました。

欧米ではすでにACPの実践が進んでいる国も多く、ACPによって患者自身やその遺族に、悲嘆や後悔などのマイナスの感情が低下し、本人の思いを尊重できたなどのプラスの感情が高まる、といった具体的な利益があることも報告されています。

在宅医である私は、ACPの目標を「重篤な疾患ならびに慢性疾患において、患者の価値観や目標、好みを実際に受ける医療に反映させること」と理解しています。

つまり、その人がどんなふうに生きたいか、その人にとって大切なことは何か、そうした人生観や死生観、その人らしさなどを尊重しながら、医療の方針を話し合い、考えていく過程がACPといえます。このプロセスには自分が意思決定できなくなったときに備えて、信用できる人（人々）を選んでおくことも含まれます。

「人生の最終段階における医療・ケア」のガイドラインが改訂に

日本でACPが議論されるようになったのは、ここ5〜6年のことです。

特に2018年3月、厚生労働省が「人生の最終段階における医療・ケアの決定プロセスに関するガイドライン」を改訂し、そこにACPの概念が盛り込まれ、その重要性が明記されたことで大きく注目されるようになっています。

このガイドラインの核となる部分を、少し長くなりますが以下に引用します。

「人生の最終段階における医療・ケアの在り方」

「医師等の医療従事者から適切な情報の提供と説明がなされ、それに基づいて医療・ケアを受ける本人が多専門職種の医療・介護従事者から構成される医療・ケアチームと十分な話し合いを行い、本人による意思決定を基本としたうえで、人生の最終段階における医療・ケアを進めることが最も重要な原則である。

また、本人の意思は変化しうるものであることを踏まえ、本人が自らの意思をその都度示し、伝えられるような支援が医療・ケアチームにより行われ、本人との話し合いが繰り返し行われることが重要である。

さらに、本人が自らの意思を伝えられない状態になる可能性があることから、家族等の信頼できる者も含めて、本人との話し合いが繰り返し行われることが重要である。この話し合いに先立ち、本人は特定の家族等を自らの意思を推定する者として前もって定めておくことも重要である。」


ここで強調されているのは、ただ単に医師と患者が話し合って方針を決めることだけではありません。病気の進行度や心身の状態が変われば、人の気持ちも変わるものです。延命だけの治療は受けたくないと主張していた人も、いざ最期が迫ったときに「やっぱり治療をしたい」となることもありますし、逆に積極的な治療で果敢に病と闘ってきたけれど、あるときに「もう十分」という心境になることもあります。

そうした本人の〝変化し得る思い〟にも耳を傾けながら、医療者と患者、家族、介護スタッフなどがチームとなって繰り返し話し合い、共有することが重視されています。

終末期医療の考察は、がんの治療から始まった

厚生労働省で最初に「人生の最終段階における医療・ケア」のガイドラインが作られたのは、平成19（2007）年のことです。

前年の2006年には医師が回復の見込みのない患者七人の人工呼吸器を取り外した富山県射水市民病院事件が発生し、終末期医療や医療の中止が話題となったこともあり、「終末期医療の決定プロセスに関するガイドライン」という名称で、国による初の指針が示されました。

当時は終末期医療といえば、主にがんの終末期が想定されていました。2007年4月には「がん対策基本法」が施行され、その基本理念でも「(がん患者）本人の意向を十分に尊重してがんの治療法等が選択される」ことなどが示されており、これも終末期の治療

［図表６］もしものときのための話し合いの進め方

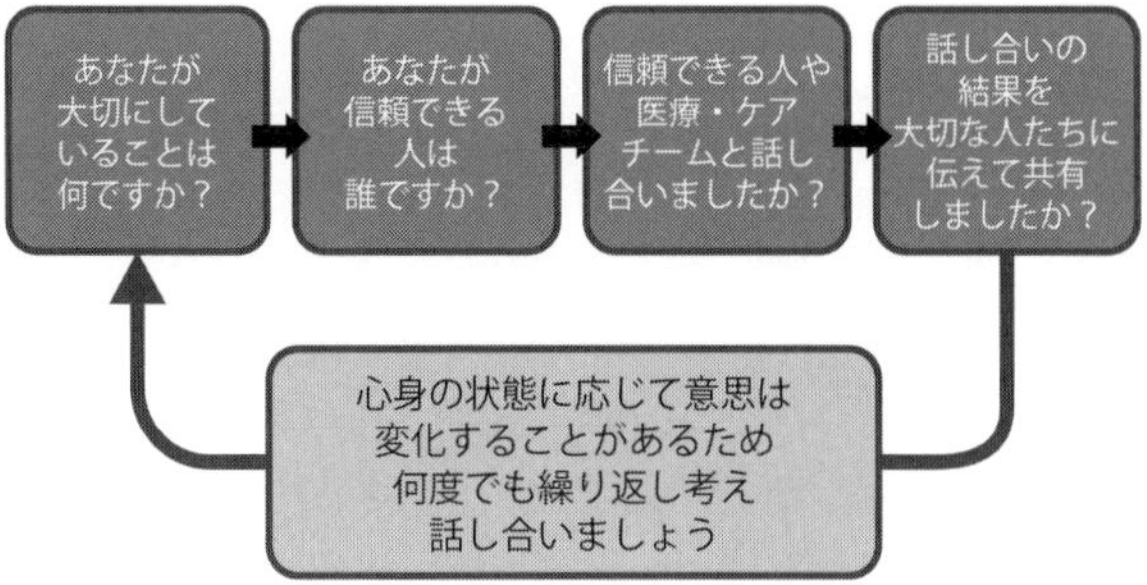

（厚生労働省「ＡＣＰ普及・啓発リーフレット」より）

や緩和医療を考えるきっかけになっています。

というのも、今から30年前ぐらいまでは、がんの治療といえば手術療法が中心で、手術ができないほど進行したがん患者にはこれといった治療法が示されないことも多く、疼痛緩和の麻薬使用も進んでいないというのが一般的でした。

その理由の一つに、日本では「麻薬は怖い」「中毒性が高い」というイメージが強く、医師の間でも麻薬に対する誤解が大きいことが挙げられます。２００８年に日本医師会が医師を対象に行った調査でも、「麻薬を使うと薬物中毒が生じる」と答えた医師（診療所）は6割以上に上っています。また終末期に麻薬を使うと予後が悪くなる、つまり寿命を短くしてしまうと答えた医師も、約6割（病院）から7割（診療所）を占めていました。

実際には、がん終末期に疼痛が続くと痛みと苦痛で食欲が落ち、早く死に至るのであり、適正に麻薬を使うと療養中の患者の生活の質が向上し、むしろ予後も良くなることが分かっています。現在はWHO（世界保健機関）でも、がんの疼痛緩和には麻薬を積極的に使うことを推奨しています。

今は緩和ケア病棟だけでなく在宅医療でも、麻薬を適切に使うことで疼痛のコントロールを行えるようになっていますが、医師によってはまだ十分な緩和ケアができていないケースもあるようです。

ちなみに私の場合、大宮赤十字病院に勤務していた1997年頃から、がんの疼痛管理に麻薬を積極的に使っていました。医療用薬剤には麻薬以外にも中毒性のある薬は少なくありませんし、麻薬であっても薬剤の添付文書をよく読めば安全かつ効果的に使用できることは明確だったからです。ただ、それはがん医療全体からすれば例外的で、当時は私のチームの麻薬使用だけがほかに比べて突出して多いという状況でした。

ですが、私たちが担当するがん終末期の患者さんの穏やかな様子を見て、当時の上司でさえ「自分が終末期になったら同じようにして（麻薬を使って）ほしい」と話していたものです。

もっといえば、昔はがんであっても告知すらしない時代も長く続きました。私の記憶では、1990年頃までは、がんであっても本人に告知していないケースが多かったと思います。

告知をしない時代は、がんという本当の病名を伝えませんから、抗がん剤治療をするときも抗がん剤とはいえません。私たち医師も本人に付き添う家族も、治療をしたり体調が変わったりするたびに必死にごまかして説明をしますが、患者さん本人はなんとなく「自分はもう回復しない病気なのだ」と気配で感じとっています。そして、一人で孤独と苦しみを抱えながら何もいわずに亡くなっていく。そういう寂しい最期になるのが常でした。

1993年頃になると、少しずつ「早期のがん」といった表現で告知をするケースが多くなり、2000年前後からようやく告知が基本となりました。その頃から、がん終末期の問題も積極的に議論されるようになり、２００７年の終末期医療のガイドラインには患者本人の意思を尊重した医療・ケアなどが示されたわけです。

そして、最初のガイドライン作成から11年が過ぎ、日本はますます高齢化が顕著になり、がんだけでなく老化やそれに伴うさまざまな病気で多数の人が亡くなる多死社会を迎えています。そこで、がん以外の病気も含むすべての人の「人生の最終段階における医療・ケア」の方針が示されたのが、２０１８年の改訂といえます。

ＡＣＰは、ＡＤ（事前指示書）とは異なるもの

ＡＣＰは「人生の最終段階における医療・ケア」の方針を立てるために話し合うものですが、単に心肺蘇生や延命治療などの終末期医療をするかしないか、を決めるものではありません。

ここは誤解されやすいのですが、ＡＣＰは、ＤＮＡＲ（心肺蘇生拒否）やＡＤ（事前指示書）などとは異なるものです。

まず、ＤＮＡＲ（Do Not Attempt Resuscitation）とは、患者の同意に基づいて、患

［図表７］ACP、AD、DNARの概念図

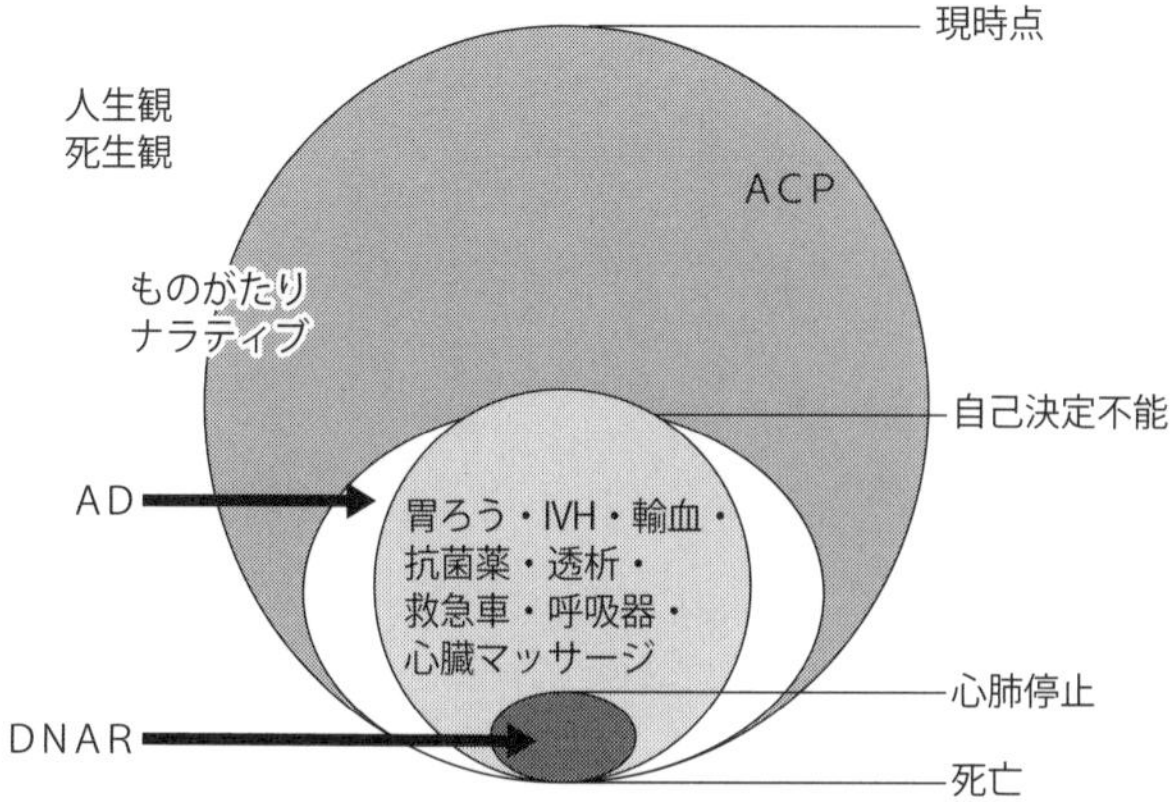

者が心停止や呼吸停止に陥ったときに心肺蘇生を行わないことを示すものです。

本人や家族の意向によることもありますが、終末期が迫り、心肺蘇生をしても回復の見込みが少なく、意識がないまま延命されるリスクが高い場合、医師からＤＮＡＲの提案がなされ、本人または家族が同意のサインをすることもあります。

一方、ＡＤ（Advance Directive：事前指示書）とは、意識がなくなったときや認知症が進んで判断ができなくなったときに備え、終末期に自分が受けたい医療行為の希望を表明するものです。

具体的には、胃ろうなどの経管栄養や人

工透析、輸血、心臓マッサージ、人工呼吸器装着、救急搬送などについて、希望するかしないかの意向を表明します。これらを文書にしたものは「リビング・ウイル」に相当します。

もちろん、ACPのなかにもこうした要素も含まれますが、ACPは終末期の医療の内容だけにとどまらず、もっと幅広くその人の価値観や目標、好みなどを知るために対話を重ねていくものです。

いわゆる最終段階になるもっと前の段階から、できれば元気なうちから、本人とその周りの家族、医療者、介護スタッフらが話し合いをすることが望まれています。家族や身近な人とこれからの人生について話し合うことから、厚生労働省が2018年にACPの愛称を国民から公募した結果、「人生会議」が選ばれています。

「明確な答え」がなくてもかまわない

またACPは、いつも明確な方針や「答え」を出さなければいけないわけでもありません。積極的に治療をするかしないか、最期を過ごす場所は病院か自宅かと問われて即答できる人ばかりではないはずです。当然、迷う人もいます。

受けたい医療などが「分からない」「今は考えたくない」というときは、それでもいいのです。少しずつ時間をかけて、繰り返し話し合うことが大切です。

このようなACPについて、福井県のオレンジホームケアクリニック理事長の在宅医・紅谷浩之医師が在宅医療の雑誌で解説しており、ACPのイメージがよく分かる部分を次に紹介しておきます（カッコ内は筆者の追記）。

「ACPの愛称は『人生会議』に決まった。意味が明確な単語の組み合わせにより、日常会話に浸透していくことが期待できること、家族など信頼できる人たちと輪になって話し合うというイメージが湧くことが選定理由となった。誰でもいつでも、命に関わる大きな病気やけがをする可能性がある。最終的に意思表示が難しくなったとしても、最期まで自らが希望する医療・ケアを受け続けるために、あらかじめ周囲の信頼する人たちと話し合い、その時々の考えを共有してもらいたい。その人らしさというものは病気やけがといった非日常の出来事を機に、それまでとまったく違うものにはならないだろう。人生には継続した物語があり、その人らしさを形づくっているのではないだろうか。

（中略）

（人生会議の）きっかけはちょっとした挨拶や、時にはお節介でも構わない。つながりが生まれ、繰り返される会話のなかで少しずつその人らしさがみえてくるはずである。事前指示書のようなものと比べて、明確な答えはそこにはないかもしれない。答えを出すことに縛られず、日常のなかで普段どおりの会話を積み重ねていってもらいたい。人生会議とはそういうものではないだろうか。」

ＡＣＰは、医師が方針を尋ねて患者が答えるというようなものではなく、家族や親しい友人、介護スタッフなど周りの人たちが一つのチームとなって、本人と「一緒に考える」ことであり、最期までその人の希望に沿った医療・ケアを支えることといえます。

厚生労働省が作ったポスターは失敗か

2019年11月、「人生会議」がちょっとした話題になりました。

ACP（人生会議）を広く国民に知ってもらい、普及を推進したい厚生労働省が「人生会議」のポスターを制作、発表したのです。ポスターはお笑い芸人の小籔千豊さんがベッドに横たわった図で、鼻に酸素チューブをつけて差し迫った表情を浮かべ、頭の周りに人生の終わりに直面した本人の心の声が載っています。

「俺の人生ここで終わり？（中略）あーあ、もっと早く言うといたら良かった！　こうなる前に、みんな『人生会議』しとこ」

このポスターが発表されると、がんの患者団体などから実際に闘病している患者や家族の恐怖心をあおる表現だと非難が相次ぎ、結局、厚生労働省はポスターの公開と自治体への配布を見送りました。その対応に対しても、税金の無駄遣いであるとか、国民に周知するにはある程度インパクトのある表現が必要だなどとして、批判した患者団体を叩くような動きもネット上で起こりました。

このポスターの是非についてはいろいろな議論があると思いますが、私自身は、国民にACP＝「人生会議」という言葉やその重要性を知ってもらうという点では、一定の意義があったように思えます。ただ、本人が病院のベッドの上で意思表示ができなくなっている状態の話は、AD（事前指示書）になってしまうので、もっと元気なうちから生活のなかで話し合うという視点があっても良かったかもしれません。

実はこのポスター騒動のあと、先述の紅谷浩之医師がオリジナルの「人生会議」ポスターを制作しています。こちらは、同クリニックの患者で肺がんを患う男性が趣味のバイクにまたがり、穏やかな表情を浮かべる写真を使い、「どこで死にたいか、病気になった時どうしたいか。そんな話ばかりしなくてもいい。（中略）（死に方を）決めなくてもいいから、いっぱい話をしよう。」というメッセージが添えられています（カッコ内は筆者の追記）。

これがSNSで話題となり、ネット上では「＃勝手に人生会議ポスター」と題して、その人らしさや家族の絆を感じさせるポスターが多数作成、発信されたとの報道もありました。厚生労働省の当初の「人生会議を知ってもらう」という目的は、思いがけない形で広がりを見せているようです。

医療・介護の現場でも、取り組みが進行中

各地の医療・介護の現場でも、徐々にACP（人生会議）の取り組みが始まっています。特に介護職や看護師の間では、これまでにも本人の価値観や希望を踏まえたケアが模索されてきた流れもあり、ACPとその実践についての研修などが積極的に行われているようです。

在宅医療においても、医師よりも介護スタッフや看護師のほうが、患者本人や家族と接する時間が長いこともあり、生活のなかでの何気ない会話から、その人の価値観や希望を細やかに汲むことができるように思います。

私の感覚からすると、むしろ病院勤務の医師のほうがACPの理解が遅れているのではないかという印象です。

日本の医師には、まだまだ「できる限りの治療をする」のが医師である自分の責務とい

う思考が残っています。積極的に治療をしないことを「患者を放置する」とか「見殺しにする」と感じてしまう医師も少なくないようです。

しかし、年齢やそれまでの経過により、また個人の価値観として、治療を望まない人も確実にいます。以前に知り合いの医師から、こんなケースを聞きました。

80代で間質性肺炎を患っていた父親が自宅で急変し、家族は慌てて救急車を呼びました。救急搬送された父親には人工呼吸器が装着され、集中的な治療が行われました。一時は命が危ぶまれましたが、治療のかいあって父親は意識と呼吸を回復、人工呼吸器も外すことができました。本当に良かったと家族が涙を流さんばかりに喜び合っていると、話ができるようになった父親は家族を睨みつけて「なんてことをしてくれたんだ！　医療費の無駄だろう」と叱りつけたということです。

また私の患者さんでも、まだ治療法がある段階にもかかわらず、治療を拒否して亡くなった方がいます。

この方は60代の男性で、奥さんを亡くして一人暮らしをされていました。当院に通院しているときに腹部大動脈瘤が見つかり、動脈瘤を大きくしないためには治療が必要でしたが、ご本人は「妻を亡くして、これからは自由に生きたい。この先は命が長くなくてもいいので治療はしたくない」と言います。そこで私は「それならば治療はしなくていいので、動脈瘤の大きさだけは見せてほしい」と提案しました。動脈瘤が大きくなってくれば、治療をしたい気持ちになるかもしれないという期待もあったからです。

しかし、その後も男性の気持ちは変わらず、超音波で大きさを見ながら2年間が経過。そして一昨年の年末、大きくなった動脈瘤が切迫破裂の状態になり、腹痛が発生。男性はそのまま自宅で看取りをする方針で、地方から長男が来ていましたが、父親の容態変化を知った次男が、病院で治療をするように説得。男性も「仕方がないから、病院へ行きます」ということで、私から救急車の要請をして入院をしました。入院先の医師にもこれまでの経過を説明し、本人が望まないときは無理に治療をしないでほしいと伝えました。

結果的に、入院してからも本人の「治療を望まない」という意思は変わらず、入院して2時間で命を終えることになりました。

終末期か否かにかかわらず、治療するかしないかの希望は、本当に人それぞれなのだと改めて考えさせられたエピソードです。

なお、ここで誤解のないように強調しておきますが、ＡＣＰは早く治療をあきらめる（あきらめさせる）ためのものではありません。一部の医療・介護関係者にはＡＣＰを無駄な医療をやめて〝人生をなるべく早く終わらせるためのツール〟と捉える人もいるようですが、決してそうではありません。

「最後まで闘病をして一日でも長く生きる」というのがその人の希望であれば、それに沿って治療を行っていくのも、立派なＡＣＰといえます。

ＡＣＰの進め方は、個々のケースで変わる

実際の医療現場では、ＡＣＰをどのように進めるのか、本人を中心として医師や看護師、介護職、家族がどのような役割を果たすかについて、決まった方法論があるわけではありません。患者さんの病状や家族や周りの人との関係、医療・介護の体制などにより、ＡＣＰの進め方も千差万別になります。

おおまかにいえば医療・介護を必要とする人は、次の４つに分けられます。

①若年×急性病（外傷、感染症など）
②若年×慢性病（がん、慢性疾患など）
③老年×急性病（肺炎、脳卒中、心筋梗塞など）
④老年×慢性病（がん、慢性肺疾患、老衰など）

このうち①の若い人の急性期の病気・けがは、積極的に治療をすることで回復するケースが大半ですから、必ずしもＡＣＰを必要とするわけではありません。

次の②では、乳がんなどのがんの症例が多くなります。この場合、初期には積極的な治療が行われますが、がんが進行して終末期になったとき、疼痛緩和などの医療的ケアが必要なため、医師から希望を尋ねることも多いと思います。

私の印象では、40～50代ぐらいのがん患者さんでは、自分自身で今後のことを考え、私たちや介護スタッフに意思表示をしてくる人も多いです。既婚者ではご夫婦で終末期医療や、いざというときに病院へ行くかなどの方針を率直に話し合っているケースがよくあります。むしろ、患者さんの高齢の親御さんのほうが「そんな話を聞きたくない」と耳を塞いでしまうこともありますが、患者本人の意向は比較的明確で、それに沿ってＡＣＰも進んでいきやすいといえます。

次いで③は、この章の冒頭で紹介した事例のように、健康に見えた高齢者が脳卒中や心筋梗塞で救急搬送されるようなパターンです。近年は早期に治療をすれば命をとりとめる人が多くなっていますが、そのあとに要介護になり、入退院を繰り返すようになるケースも多いものです。この場合、介護を担う家族の意向もあり、いつまで治療をするのか、急変時に病院へ行くのか行かないのかなどで方針が混乱しやすい傾向があります。

終末期医療や看取りの希望を話し合うタイミングも難しく、医師が家族の反発を恐れて切り出せず、十分な話し合いができないまま亡くなる例も多いのではないかと想像します。これについては、命の終わりが近いというバッド・ニュースを本人や関係者に上手に伝えるための医師のコミュニケーション力が問われます。

そして④は、年単位の時間のなかで徐々に状態が落ちていき、最期を迎えるパターンです。この場合は話し合うための時間は十分にあります。患者本人と家族、療養生活を支える看護・介護スタッフとの日常会話のなかで、自然に本人の希望を共有しながらＡＣＰが進んでいくケースもよく見られます。

昨年も、何年も話し合いを繰り返した末、高齢の親を自宅で看取ったご家族がありました。

◆事例① 日常診療のなかで、徐々にACPが形成されたYさん一家

Yさんは80代の女性です。長年の喫煙者で、30年以上、糖尿病と脂質異常症があり、ずっと当院に定期的に通院して治療を続けていた〝長い付き合い〟の患者さんです。

Yさんは70歳を超えた頃から足腰が弱くなり、独身の娘さんに付き添われて通院するようになりました。私とYさんとの日常診療の雑談のなかで「この年になったら、もう無理して治療したくないよね」といった率直な気持ちがときどき語られていて、それを娘さんもそばで聞いている、というシーンが何度もありました。

そんなYさんがあるとき、顔色が黄色い、おしっこも出にくいし食欲もない、と来院してきました。診察すると、明らかに黄疸の症状が出ています。すぐに地域の基幹病院を紹介して詳しい検査をしてもらうと、肝がんが発見されました。しかも、がんに侵されてい

るのは肝臓だけでなく、肺がんの多発肝転移ということで、本人も気づかないうちにYさんの体内でがんが広がっていたことも判明しました。

がんと告げられたYさんは、「自分はもう年も年だし、何の治療もしなくていい」と言って検査をした病院を退院。娘さんもそれを自然に受け入れ、在宅医療で私が体調を見ていくことになりました。

自宅に戻ったYさんの元を私が訪問すると、Yさんはこれまでと変わらぬ調子の笑顔で話をしてくれ、娘さんも「先生の顔を見ると元気になるね」と穏やかに話していました。そして退院1週間後に意識状態が低下して寝たきりになり、そこから3～4日で眠るように亡くなりました。肝不全になると体内にアンモニアが溜まり、眠くなるので終末期に苦しむこともなく、静かな最期でした。Yさんは「長く寝たきりになって、家族に世話をかけるのは嫌だ」とも話していたので、その希望にも沿った見事な人生の終え方でした。私が死亡確認で「立派な亡くなり方ですね」と声をかけると、ご家族は「かっこいい死に方でした」と、悲しみのなかにも笑顔がありました。

◆事例②　在宅医の訪問よりも、家族のお別れが先だったHさん一家

Hさんは90代の女性で、やはり当院の古くからの患者さんです。しばらく前に腎臓の病気で夫を亡くし、独身の娘さんと二人で生活をしていました。

あるときHさんが、息苦しく少し具合が悪いというので、地域の基幹病院で検査をしてもらうと、末期の肺がんであることが分かりました。このような、ほとんど目立つ症状がないまま進んでいる超高齢者のがんのことを〝天寿がん〟と表現したりします。ほかの病気になったり事故にあったりもせず、「がんになるまで生きられた」、そういうがんを指すことが多いと思います。

Hさんもまさにそういう感じで、Hさんもご家族も「今から治療は望まない。在宅でお願いします」という意向で、基幹病院を退院し、当院で見ていくことになりました。

当初の2カ月ほどは娘さんと通院していましたが、やがて通院が困難になり、「不安になったらいつでも言ってください。病院につなぎますから」とお伝えして在宅医療を開始。少ししてHさんは寝たきりになり、在宅で酸素療法や緩和ケアを続けていました。

そして、私が定期訪問診療をして「次は○日に来ますね」と話をしたその2日後の夕方、

ご家族からHさんが亡くなったという連絡を受けました。

すぐにHさん宅を訪問すると、娘さんや親族が集まり、酒宴が進んでいる様子です。そこを分け入ってHさんに触れると、すでに体が冷たくなっています。ご家族に再度尋ねると、「今日の午前中に息が止まった」とのこと。どうも主治医を呼ぶ前に、ご家族のお別れ会が開かれていたようです。これには私も驚きましたが、お酒の入った赤い顔で楽しげにHさんの思い出話をしているご家族の様子を見て、私も「これこそ天寿だな」と温かい気持ちになりました。

ACPというと、医師が本人や家族に正面切って「このあとどうしますか？」と問いかけるようなイメージがあると思いますが、長期の療養をしている人や、かかりつけ医との信頼関係がある人では、このように日常診療の中でACPが自然に作られていくことも多いものです。私自身はこうした形のACPがもっと増えるといいと思っています。

結局「残された家族が満足できる」のが、適切なACP

皆さんが想像されるように、もちろんすべての場合でACP＝人生会議がうまく進むわけではありません。

人の命も医療も、そもそも不確実なものです。終末が近いと思った人がもち直すこともありますし、反対にまだまだ大丈夫と思った矢先に亡くなる人もいて、医師の想定とは異なる経過になることも多々あります。また急に死期が分かったような場合、本人の意向を聞く時間を十分にとれないこともあると思います。先日も、歩行困難とお尻（仙骨）の部分に褥瘡があり、地域の整形外科から紹介されてきた80代の患者さんがいました。在宅医療開始後、1カ月ほどで急激に褥瘡が悪化し、原因不明のまま（おそらく自己免疫疾患の疑いが濃厚）自宅で永眠。前日まで食事をしていて急変を予測できなかった娘さんが気の毒なくらい取り乱し、泣き崩れていた事例がありました。また、病院に運ばれたときにはすでに昏睡状態だったり、気づいたときには認知症が進んでいるなどで本人の意思確認をできないケースもあるでしょう。

ですから、できれば本人が元気なうちから、これから先の人生をどうしたいかという価値観や目標などについて、家族でたくさん話をしておいてほしいのです。また話し合いが難しい段階でも、「本人にとって何が大切か」「本人ならどうしたいと思うか」をそれまでの人生や家族の物語のなかから想像し、医師や看護師、介護士と話し合ってください。

ＡＣＰは、亡くなっていく本人が最期までその人らしい人生を送るためのものですが、同時に私は家族のためのものでもあると考えています。

途中でさまざまな紆余曲折があっても、最終的に本人の意向が１００％叶わなかったとしても、本人を想って何度も話し合いをした時間が、家族のその後の人生を必ず支えてくれます。

本人を見送ったあとに残る家族が「いろいろあったけど、これでよかったね」と言えるためにも、親子や夫婦、家族の間でぜひ「人生会議」を始めてほしいと思います。

［第4章］

家族で「縁起でもない」話をしよう

「終活」はブームでも、「死」を考えるのは難しい

近年、日本では「終活」がブームのようになっています。人生の終わりを見据え、医療・介護をどうするか、葬儀や墓をどうするか、身辺整理、相続、認知機能が衰えたときのための後見人制度など、さまざま話題がメディアで取り上げられています。終活に関する書籍もたくさんありますし、民間事業者や自治体が実施する市民講座なども増えています。

今は新型コロナウイルスによって集会型の講座は難しくなっていますが、むしろ「死」を想像しやすくなった社会心理を反映してか、大手出版社の週刊誌には「死ぬまでにやっておきたい手続き」といった記事がたびたび登場しています。

来るべき「死」に備えなければならないということは、多くの人が感じ始めている切実な問題なのでしょう。

しかしながら、実際に「人生の最終段階における医療・ケア」について身近な人と話し

合ったことがある人は、まだごく少数にとどまっています。

厚生労働省が行った調査によると、一般国民で人生の最終段階における医療・ケアについてこれまでに「考えたことがある」と回答した人は59・3％と、半数以上に上っていました。家族や医療関係者などと実際に「詳しく話し合ったことがある」という人は、わずか2・7％でした。

「一応話し合っている」という人も36・8％で、二つを合わせても4割に届かない状況であり、これは4年前の調査と比べてもほとんど変わっていません。

そして、「話し合いをしたことがない」6割以上の人に、その理由を尋ねたところ、「話し合うきっかけがなかった」という人が半数以上の56・0％を占めています。次いで、「話し合う必要性を感じない」（27・4％）、「知識がないため、何を話し合っていいのか分からないから」（22・4％）といった理由が挙がっており、「話し合いたくない」という人は5・8％でした。話し合わなければいけないのは知っているが、いつ、どんなことをすればいいのか分からない。そんな国民の戸惑いがうかがえる結果となっています。

[図表8] 人生の最終段階における医療に関する関心

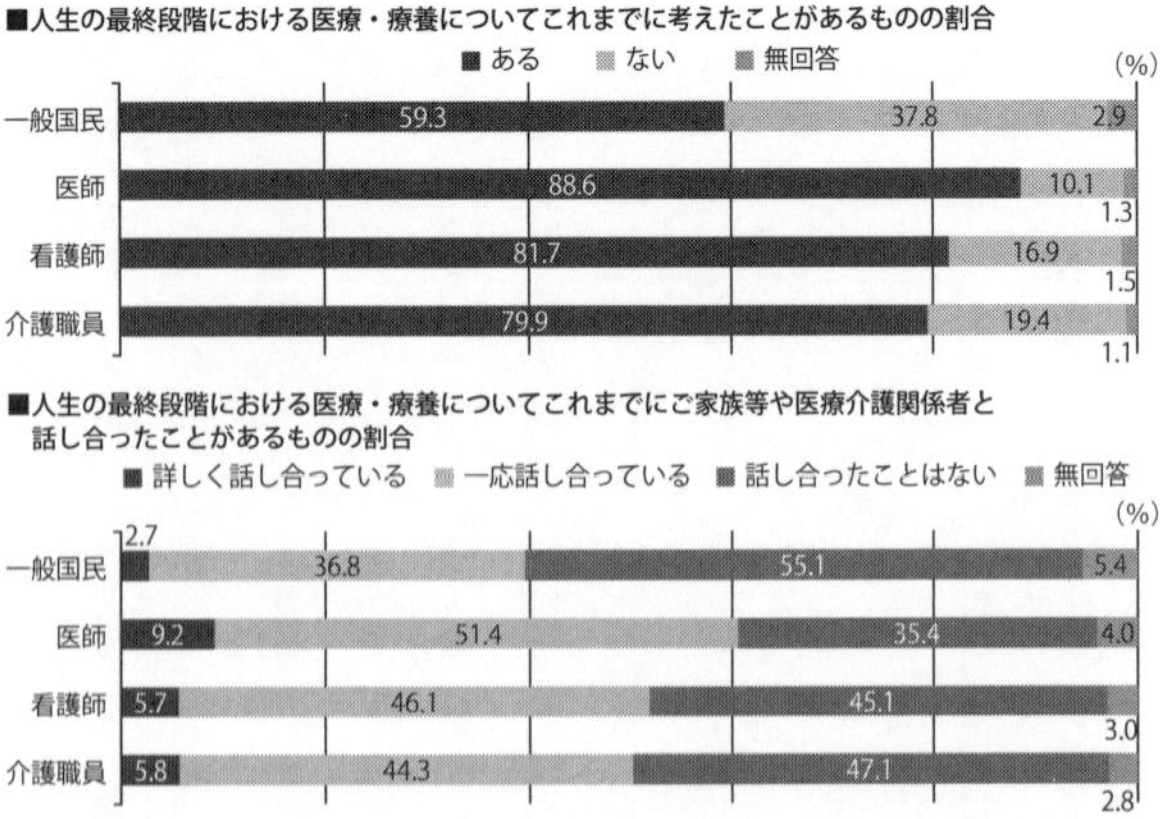

（厚生労働省「平成29年度 人生の最終段階における医療に関する意識調査」報告書より）

なかには、この厚生労働省の調査は病気のある人もない人も含めた幅広い年代の人が対象のため、「話し合っていない」人の割合が高いのかもしれない、と想像した人もいるかもしれません。

しかし、東京都健康長寿医療センターが外来患者の高齢者（つまり病気をもつ高齢者）約９７０人を対象に行った調査でも、終末期医療について家族や友人と「話し合ったことがある」という人は44％であり、さらにそれを文書などの記録に残している人は12％にとどまっていました。一方、「話し合ったことがない」人は48％、無回答が8％で、全体的な傾向は厚生労働省調査と大きな違いはないことが分かります。

死を「忌むべきもの」と考える日本文化

私たち生きている人間が、自分自身で一度も経験したことのない「死」を考えることは、確かに簡単ではありません。

率直にいって自分の存在がなくなるのは「怖い」ことでしょうし、身近な人との別れを想像すれば「悲しい」「つらい」など、ネガティブな感情が一気に押し寄せてきます。人によっては気分が落ち込み、ふさぎこんでしまう人もいるかもしれません。

私自身も、以前から医療・介護関係者や一般市民を対象にした講習会・セミナーで「死について考えよう」という提案をしていますが、どうしたら少しでも明るく考えられるか、心理的なダメージを与えずに話ができるかと、いつも思案しています。

ただそれ以前に日本人の場合、国民全体として「死」から目を背けてしまう、「死」を考えずに済むようにフタをしてしまう、そういう意識を強く感じます。

命を救うことだけに邁進し、本来どんな人も避けられないはずの死について一切学ぶことのない医学教育もそうですし、国民一般にも「死について語るのはタブー」という感覚が心の奥底に染み付いているようです。

それがどこから来ているのかと考えると、これは前著でも書きましたが、やはり戦争の影響は無視できないと思います。第二次世界大戦で３００万人を超える尊い命が失われ、その反省として、命はかけがえのない何よりも大切なものであり、社会的にも命を守ることだけが最重要事項と考えられるようになったのだと思います。

先日も日本科学史家・科学哲学家の村上陽一郎氏が、同じようなことを指摘している新聞コラムを目にしました（〈　〉内は筆者注釈）。

「我々の社会は、『死』を如何に身近に感じ得るか、という点で、準備が少なすぎるのではないか。」――村上陽一郎

「〈コラム筆者の解説〉戦時下、人命が余りに軽んじられた反動で、命の『至上の価値』を唱えるうち、日々死の脅威に晒されている人々を支える体制も手薄になっていたと、科学史家は憂う。この社会は『隣にいる成員が日々次々に死んでいく社会』でもあるのに、

その過程に人は子細に目を向けていないと。（『中央公論』２０２０年７月号「近代科学と日本の課題」より）」

　また先日、たまたまテレビで葬式の作法について特集している番組を見ました。葬式では死を直接的に想像させる言葉は「忌み言葉」として避けられること、また「死＝穢れ」であり、穢れを浄化するのが清めの塩であるといった内容が話題になっていました。

　あとで気になって少し調べてみると、死を穢れととらえるのは仏教ではなく、もともとは神道の観念のようです。

　仏教は本来この世とあの世、すなわち生と死を連続したものととらえており、輪廻転生のなかで成仏する（仏になる）ことが説かれます。一方の神道は、疫病や死、血などを「穢れ」とみなし、亡くなった本人だけでなく家族もしばらくは神社（神域）に立ち入れないとか共同体の祭事に参加できないなど、死そのものを忌避する性質が強いようです。

　日本人の場合、仏教と神道がさまざまに融合して文化として根付いているので、意識の底流にはこうした観念があるのかもしれません。

終末期医療や臨床死生学の専門家である会田薫子氏は、著書のなかで死を「縁起でもない」こととして避ける心理は日本だけでなく、欧米の中国系の人たちの間でも見られるとして次のように記しています。

「こうした感覚は日本人だけでなく、英米では特に中国系住民でもしばしばみられるという。『言霊』に内在する力を信じ、『口に出したことは現実化する』という伝統的な考え方を有する人々にとっては、病態の悪化や生き終わり方に関する話し合いは文化的に障壁が高いといえるので、コミュニケーションには工夫を要する。」（会田薫子著『長寿時代の医療・ケア――エンドオブライフの論理と倫理』より）

この「言霊」も神道に由来するもののようですが、ときに病状が進行するほど親族間で「縁起でもないことを言えない」ムードが強くなるケースがあるのも、事実だと感じます。

まずは「自分の死」をイメージしてみよう

とはいえ、すでに1日あたり国民の3000人以上が亡くなる多死社会に入りつつある今、今後の生き方・死に方（会田氏の言葉でいえば〝生き終わり方〟）の話し合いは、日本社会の待ったなしの課題です。

やはりACP（人生会議）は、死が予想される段階になっていきなり、というよりも、時間的にも精神的にも余裕があるとき、落ち着いてものを考えられるときから話し合いをしておくことをおすすめしたいと思います。

私は、高齢の親をもつ40～60代くらいの世代なら、まず「自分の死」をイメージしてみるといいと思っています。

20～30代の若者にとっては自分の死はあまりにも遠いことで、現実感がないと思いますが、40～50代になると身の回りに命に関わる病気を経験する人も少しずつ増え、親世代の老いや死にも向き合わざるを得なくなります。自分の心身の状態が年とともにどう変わっていくか、病気が進んで回復の見込みが少なくなったときにどこでどんなふうに残る人生を過ごしたいか。そうした自分の将来の姿を一度、じっくりと想像してみてください。

仕事や家事で多忙な現役世代はなかなか落ち着いて考える時間をとりにくいかもしれませんが、「自分の死」を考えてみることは、これから人生の最終段階を迎える親世代を見送るときの思考の訓練にもなります。

「死」を含むこれからの人生についてより具体的に考えるのであれば、「エンディングノート」を活用するのもいいでしょう。

エンディングノートはこれまでの人生を振り返り、身近な人に知っておいてほしいこと、死への準備で必要なことなどをまとめて記録しておけるツールです。市販のものもたくさんありますし、最近は自治体の地域包括支援センターや地域の医師会などが作成し、市民に無料で配布しているケースもあります。

当院のある埼玉県・川口市でも2019年2月に「わたしの備忘録～マイエンディングノート～」を作成し、市役所や地域包括支援センターなどで配布を始めています。私は2017年より市の地域包括ケア連絡協議会の幹事長を務めていることもあり、このエンディングノートの作成にも当初から関わってきました。

川口市福祉部長寿支援課（石川哲也係長）、同福祉部介護保険課（後藤武彦課長）によると、川口市は現時点では高齢化率はそれほど高くないものの、今後、高齢化が加速度的に進み、2040年には29%を超えると予測しています。今後のそうした急激な変化に対応していくためにも、市民に広くエンディングノートを知って活用してもらい、長い人生の生き方を考えるきっかけにしてほしい、と話しています。

このノートの内容としては、第1章が「わたしのこと」です。住所・氏名や生年月日などの基本情報と思い出、趣味・特技、好きな食べ物、宝物、これからやりたいこと・行きたい場所、かかりつけ医など、その人らしさや人生の目標、現在の健康状態などを書いてもらうようになっています。

第2章は「もしもの時は」です。自分が病気になったときにどんな医療を受けたいか、自分で判断ができなくなったときに誰に相談してほしいか、介護を受けるならどこで誰にケアを受けたいか、などを記入します。

第3章は「エンディング」で葬儀やお墓、遺言などについてです。第4章は「大切な人たち」として、家系図や大切な人へのメッセージの記入欄となっています。第5章は「財産について」、そして最後の第6章に「川口市の相談窓口」を掲載しました。

エンディングノートの書き方のポイントとして、以下の内容も記載してあります。

・ゆっくりと楽しみながら、あなたの思いを書いてください。
・まずは好きなページから気軽に書き始めましょう。
・必要だと思うページを選んで書いても良いでしょう。
・何度書き直しても大丈夫です。その際は、更新日を記入しましょう。
・定期的に振り返り、状況に応じて修正してください。
・写真を貼る、資料をはさむ等、自由にお使いいただけます。
・家族と相談しながら書いてもいいでしょう。
・ノートの存在を誰かに伝え、保管場所を明らかにしておきましょう。

右に挙げたように好きなところ、書きやすいところから記入するのでいいのですが、医師の立場からいえば、特に第2章の「もしもの時は」に受けたい医療・介護のところを考えてみてほしいと思います。ここに意思表示をしてあると、急な体調変化の際にも家族や医療関係者が本人に代わって判断がしやすくなります。

[図表9]「わたしの備忘録」

もしもの時は

病気の時は

記入日　　年　月　日

●告知について　※チェック☑を入れてください。

☐ 病名・余命を告知してほしい　☐ 病名のみ告知してほしい
☐ 家族等にまかせる　☐ その他［　　　］

●延命治療について　※チェック☑を入れてください。

☐ 可能な限り延命治療を受けたい　☐ 回復の見込みがなければ延命治療を希望しない
☐ 苦痛を少なくすることを重視する　☐ その他［　　　］

●終末医療について　※チェック☑を入れてください。

☐ 自宅で過ごしたい　☐ 病院で看護を受けたい
☐ ホスピスで過ごしたい　☐ その他［　　　］

●臓器提供・献体について　※チェック☑を入れてください。

☐ 臓器提供意思表示カードを持っている　☐ 臓器提供・献体を希望しない
☐ ホスピスで過ごしたい　［登録先：　　　］
☐ その他［　　　］

●私が判断できない時は

私の治療方針については、
［名前：　　　続柄：　　　連絡先：　　　］
の意見を尊重して決めてください。

（埼玉県・川口市「「わたしの備忘録～マイエンディングノート～」より一部改編）

「人生会議」を支援する冊子やウェブサイトも

このほか「人生会議」を周知し、その必要性や進め方について支援しようという動きも続々と出てきています。埼玉県医師会では「さあ始めよう、人生会議」と題する動画を作成し、ネット上で視聴できるようにしています。

また神戸大学では2017年度厚生労働省の委託事業として、「これからの治療・ケアに関する話し合い―アドバンス・ケア・プランニング―（人生会議）―」というリーフレットを作成しています。この冊子の説明を読みながら、自分の考えに近い項目を選択したり、今の思いを記入したりしていくと、ACP（人生会議）を一歩ずつ進められるようなしくみになっています。

さらに同大学では厚生労働省とともに「ゼロからはじめる人生会議」というウェブサイトも開設しています。ここでは人生会議を知る情報が掲載されているほか、人生会議を「実際にやってみましょう」という体験コーナーもあります。

・Ｓｔｅｐ１　考えてみましょう（大切にしていることは何かを考える）
・Ｓｔｅｐ２　信頼できる人は誰か考えてみましょう（あなたが信頼していて、いざという時にあなたの代わりとして受ける医療やケアについて話し合ってほしい人）
・Ｓｔｅｐ３　伝えましょう（話し合いの内容を医療・介護従事者に伝えておきましょう）

この３つのステップに順番に回答・記入をしていくと、最後にすべての記録をまとめてプリントできるようになっています。パソコンやスマートフォンの操作に慣れた現役世代なら、人生会議の入り口としてこのようなツールを活用するのもいいと思います。

[図表 10]「ゼロからはじめる人生会議」の画面

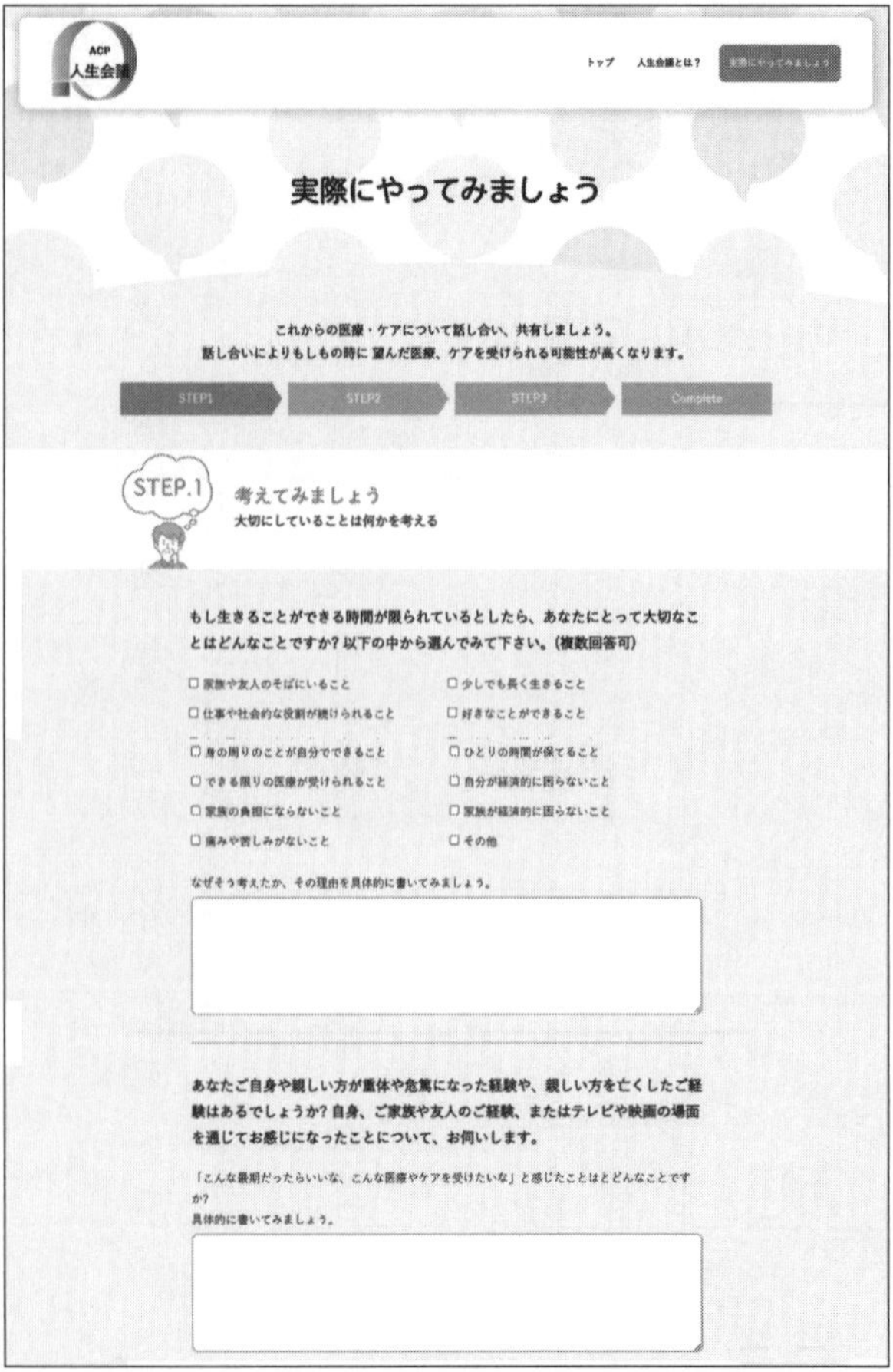

（神戸大学「ゼロからはじめる人生会議」ウェブサイトより）

親と「人生会議」をするきっかけをどうするか

それでは自分ではなく、高齢になった親世代の人生会議はどのように進めればいいでしょうか。

おそらく難しいのは、どのように話を切り出すかという「きっかけ」でしょう。39ページ図表3の厚生労働省調査では、人生の最終段階の医療・ケアの話し合いをしたことがある人に、そのきっかけを尋ねています。回答でもっとも多いのは「家族の病気や死」(61・2%)で、次点は「自分の病気」(52・8%)となっています。

次いで割合は下がりますが、「メディアから情報を得た時」(22・5%)、「医療や介護関係者による説明や相談の機会を得た時」(19・3%)が続いています。

実際問題として、家族の誰かが病気をしたときや、親類や身近な人の訃報に触れたときは自分たちのこれからについて話題にしやすいのは確かでしょう。ただ、いつ病気になるか、誰かが亡くなるかは予測がつきませんから、人生会議の話し合いができるか否かも運まかせになってしまいます。

ほかに少数意見として「退職」（7・4％）や「還暦」（5・8％）など、人生の節目に話し合った人もいるようですが、大きな節目はどうしても5年、10年単位になるのでその間に高齢者の体調が変わることも十分に考えられます。

私は、親世代が70代くらいになったら誕生日とかお盆の帰省時など、毎年1回の恒例行事のようにして人生会議をするのも案外いいのでは、と考えています。

現代では息子、娘が親と離れて住んでいる場合、実家の親の元に帰省できるのはお盆か正月だけという家族も多く、久しぶりの家族団らんの時間に「そんな縁起でもないことを」と思ってしまう気持ちも分かります。

ですが、親と顔を合わせて話ができる貴重な機会だからこそ、勇気をもって話し合いをしてください。毎年の恒例行事にして何度も話しているうちに心理的なハードルが下がり、親世代も子世代も本音で話をしやすくなるのではないでしょうか。

先の神戸大学と厚生労働省の「ゼロからはじめる人生会議」のウェブサイトには、「縁起でもない話のきっかけになるツール」として、「私の夢かるた～松戸版・終活編～」が紹介されています。

これは千葉県松戸市が地域住民と慶應義塾大学医学部とともに作成したもので、ひらがなとイラストの描かれた絵札と、文字の読み札があり、かるた遊びを通じて人生会議のきっかけが得られるようになっています。「え／延命医療 一度決めても気持ちは変わるそれでいいのよ ひとだもの」といった具合です。

これと同じようなカードゲームに「もしバナゲーム」というものもあります。こちらはもともとアメリカの終末期医療の現場で患者とのコミュニケーションツールとして生まれたものです。千葉県の亀田総合病院の医師や地域の在宅医らがレクリエーション的な要素を加えて改良、製品化しています（販売 一般社団法人iACP）。

遊び方は「誰かの役に立つ」「家で最期を迎える」「尊厳が保たれる」「ユーモアを持ち続ける」などと書かれたカードが36枚あり、そのなかで特に大切なカードを選び、それを選んだ理由や思考過程を説明するというもの。一人で考えながら遊ぶこともでき、二人や四人など複数の人と一緒に行うこともできます。

正月やお盆休みに親子二世代、三世代が集まり、一緒にゲームを楽しみながら「もしものこと」を話し合うのも一案です。

松戸市のすごい戦略「まちっこプロジェクト」

実は、千葉県松戸市はほかにもユニークな取り組みをしています。

2018年の日本在宅医学会でも報告されたのが、同市の「まちっこプロジェクト」という活動です。これは松戸市医師会の在宅医らが、「いのちの尊さ」や「認知症」といったテーマについて地域の小中学校に出向いて出前講座を行うものです。

「いのちの尊さ」の講義では、国民的アニメ「サザエさん」一家の30年後が登場します。一家の大黒柱の波平さんは84歳になってすい臓がんを発症し、余命が長くないという設定です。妻のフネさんは80代、長女のサザエは54歳になり、長男・カツオは41歳、小学校のクラスメートの花沢さんと結婚し、花沢不動産を継いで仕事にも脂がのっているときです。次女・ワカメも39歳の社会人になっています。自分も高齢になったフネさんは波平さんの主治医と相談し「最期までおうちで暮らしたい」という波平さんの思いを叶えてあげたいと考え、子ども3人と家族会議を開くという設定になっています。そして、それぞれの考えを話し合うグループワークを行う流れになっています。

秀逸なのは、講座で小中学生にこうした家族の老いや命の終わりを想像してもらうだけではなく、家に帰って授業の内容を二人以上の家族に話し、感想をレポートにして提出してもらうという点です。つまり、子どもたちから親や祖父母に終末期医療というテーマを切り出し、一緒に考えてもらうという構造になっています。

普段は忙しい親や高齢になった祖父母も、子ども、孫から学校の宿題として話をされれば考えざるを得ませんから、この「子どもたちから周りの大人へ（Child to Community)」という作戦を考えた人は、なかなか優れた戦略家だなと感心しました。

そして「いのち」という難しいテーマを子どもや市民に考えてもらうと同時に、在宅医療や地域で支える在宅ケアについての啓発を図ることも、このプロジェクトの目的の一つとなっています。

こうした自治体レベルの取り組みは地域によって差があります。同プロジェクトも出前講座の課題がそのまま実際の医療・介護に反映されるわけではないでしょうが、家族で「いのち」や「死」を話し合う練習にはなりそうです。

親の「エンディングノート」は一緒に考える

話をもとに戻しましょう。高齢になった親の意向を確認するのに、先に紹介した「エンディングノート」を活用するのもいいと思います。

ただし高齢世代が自分一人で考えて記入し、記録を残すことは、実際にはまだまだハードルが高いようです。

会田薫子氏は、東京都健康長寿医療センター研究所の「ライフデザインノートの普及に関する研究報告書」について著書で記述しています。ライフデザインノートとは、同研究所が開発した、人生の最終段階における医療の希望を書き記すノートで、いわゆるエンディングノートと思っていいと思います。これを東京都の病院に通院している高齢患者の希望者に配布、その記載方法の説明会にも参加した高齢者114名を対象に、ノートの有用感について評価してもらった研究です。会田氏は、報告書の考察の一部を紹介しています。

「ライフデザインノートは、考えを整理し終末期医療の希望を考えるツールとして有意義と主観的に評価されたものの、実際の記入に至る人は半数程度であり、コミュニケーション促進としても作用しなかった。むしろ、死について考えることや家族に思いを伝達することは容易ではなく、記録を躊躇させた可能性が示唆された。

本研究の結果から、以下のことがわかった。①終末期医療の希望について書き記し、伝達する必要があると認識している人でも、その思いを記述する難しさがあること、②終末期を含めた今後の生き方を現実的に考えるよう働きかけると、関心がある人であってもその思考プロセスを停止したり回避したくなる人もいること、③終末期医療の希望について考えが整理されたとしても、家族に伝える動機づけに直接的にはならない場合があること。

（中略）

『患者の意思』の言語化と伝達を促進する手法は、単に記入様式の提示にとどまらず、直接的に関わり、促す仕組みが不可欠であることが確認できた。」（会田薫子著『長寿時代の医療・ケア――エンドオブライフの論理と倫理』より）

この研究から分かることは、要するにエンディングノートを入手し、高齢の親に「こんなものがあるよ」とただ渡すだけでは、実際の記入や話し合いにはなかなかつながらないということです。

先に高齢の親を持つ世代に自分のエンディングノートを書いてみようと述べましたが、自分で書いたものを親に見せたり、「一緒に考えるから書いてみない？」と誘うほうが現実的かもしれません。当然、親御さんの気が進まないときや抵抗を示すときは無理にすすめる必要はありません。記録を残すこと自体より、ノートをきっかけに家族で話し合いをしてもらうことのほうがはるかに大切だからです。

親の話を「黙って聞く」大切さ

親子でエンディングノートを書くときや人生会議をするというときに、息子さん、娘さんに一つ注意してほしいことがあります。

それは親の話を「黙って聞く」ということ。つまり、話を否定したり遮ったりせずに耳を傾ける、傾聴することです。

少し前までは、高齢者に終末期の話題を持ち出すと、本人が強い拒否感を示したり怒り出したりするケースもあったものです。しかし当院の患者さんたちと話をしていると、最近の70、80代は自分の死についてリアリティをもって考えている人が多いと感じます。

むしろ親は自分の最期について話をしたいのに、息子や娘たちのほうが「今そんな暗い話をしなくても……」「まだ元気だし、大丈夫でしょう」と遮られてしまう、といった声もよく耳にします。

親御さんが自立した生活ができる段階なら、子ども世代は「終末期なんてまだ先の話」と考えがちです。特に親子が離れて住んでいる場合、久しぶりに会っている時間は親も気を張っていますから「うちの親はまだまだしっかりしている」と見えるかもしれません。子ども世代は、自分を育ててくれた親がこの世からいなくなるという寂しい、気分の塞ぐ話に向き合いたくない心理も働きますし、無意識に昔の元気で頼りがいのある親の姿を求めてしまう傾向もあるようです。

しかし実際には、健康そうに見える人も年齢とともに心身の衰えや変化が進んでいることは少なくありません。日頃の自身の変化を感じている親が「話をしたい」というときは、それを避けたり後回しにしたりせず、親身に耳を傾けてあげてください。

すでに病気や要介護になっている高齢者の今後の治療方針などについても、同様のことがいえます。

多くの人は、自分自身は延命だけの治療を受けたくないと考えていても、家族には少しでも長く生きていてほしいと願うものです。本書の前半でも述べてきたように、本人の意思と家族の意向は異なることも多く、大事な家族を想う気持ちから、本人が求めていない治療やリハビリを医療者に要求するご家族もいます。高齢の親が「もう治療はしたくない」と考えていても、息子や娘に「そんなこといわないで、もっと頑張って長生きして」と強く言われると親は自分の本音を出せなくなってしまいます。

また体の弱った親を心配するあまり、過度に安静や安全を求めてしまい、それによって親御さんの生活の質を下げている例も多くあります。

先日も高齢の母親と息子さんの家庭で、母親が家の階段から落ちて骨折した例がありました。息子さんは親思いのいい方なのですが、退院してから再び骨折しないようにと「一人での外出禁止」「2階に上ってもダメ」と母親を自室に閉じ込めるようになってしまいました。それでも母親は元気な人で、在宅医の私やヘルパーさんに「息子には内緒ね」と言いながらたまに近所に買い物に行ったりしていたので救いがありましたが、下手をすると本人の心身の状態を悪化させかねないと危うさも感じました。「この人はこういう人だから」と本人を尊重し、「転んでも、それはそれで仕方がない」と気持ちにゆとりのある対応ができるご家族は少ないという印象です。

本人の意向を聞くときは、できれば家族として自分の気持ちはひとまず脇に置いて、本人の率直な希望を聞くことを意識してみてほしいと思います。

医療・介護関係者や、友人に相談してもいい

家族だけで今後の話をするのが難しいときは、かかりつけ医がいる人や介護保険サービスを受けている人ならば医師や看護師、病院のソーシャルワーカー、ケアマネジャー、介護スタッフといった医療・介護関係者に相談をしてください。

終末期医療の詳しい内容などは、一般のご家族だけで話をするのは難しいことも多いと思いますので、話しやすいスタッフをつかまえて「教えてほしい」「相談したい」と伝えていただければと思います。

親きょうだいがすでに亡くなっているとか、事情があって家族と長らく疎遠にしているなど、大事な話ができる家族がいない人は、親しい友人や地域の民生委員などに自分の希望を伝えておけばいいのです。

新しい「人生の最終段階における医療・ケアの決定プロセスに関するガイドライン」でも、ACP（人生会議）を話し合う人は法的な家族・親族だけに限らず、より広い範囲の人を含むことが示されています。

なお、将来の希望について、自分一人でエンディングノートや記録を作ったという人は、必ずその事実と保管場所を周りの人に知らせておくようにしてください。

現在の日本では人生会議の記録を作ったとしても、それが法的に効力をもつわけではありません。これは私が理事を務める日本尊厳死協会で作成している「リビング・ウイル」

（回復の見込みがなくなったときの意向を示した宣言書）なども同様です。ですから、紙に希望を書いて残しておけばそれが必ず叶うという保証は残念ながらありません。

しかも、記録があることや本人の希望について家族や周りの人が知らなければ、いざというときの医療に反映されないことは確実です。

紙の記録があってもなくても、本人は伝えたい希望があればそれを周囲の人に伝え、家族や周りの人はそれに真摯に耳を傾ける。これを人生のステージや体調の変化などに合わせて何度も繰り返していくことが、ACP＝人生会議の本質だと思います。これは前著『死ねない老人』でも主張したことです。

ACPに法的な意味合いをもたせるか否かについては今も議論されていますが、私はACPは私的な約束事でいいのではと考えています。ACPの記録は一度作って終わりというものではなく、時と場合によって刻々と変わる可能性のあるものだからです。これに法的な効力をもたせたり、記録作成を義務化したりするようなことになれば、それはそれでまた種々の問題が生じてきます。

ACPは、最期までできるだけ本人の希望を尊重するとともに、残された親族が後悔しないための話し合いです。厚生労働省のガイドラインにもあるように、あくまでも自発的なプロセスとして本人や家族が「そろそろ話しておきたいね」というときに、率直に話ができることが大切なのではないかと思います。

私はそれぞれの家族が自分たちのスタイル、自分たちのタイミングで「縁起でもない話」を普通にできるようになれば、私たち日本人の人生の最終盤がもっと豊かなものになるような気がしています。

［第5章］

「希望の最期」を叶え、後悔せずに見送るための心得

治療・介護が始まっている家族の人生会議とは

前章で人生会議（ACP）は、できれば元気なときから話し合いをしてほしいと書きました。ですが現時点で、すでに高齢の親が病気を経験している、要介護になっているという人も少なくないと思います。本章ではそうした場合の人生会議について、もう少し考察してみます。

脳卒中や心疾患、がんなどの大きな病気になった人は、そうでない人に比べて当然人生会議（ACP）の必要度はより高くなります。

しかし、いざ治療や介護が始まると、治療法の検討や退院後の生活をどうするかなど、本人や家族が考えなければいけない課題が次々に押し寄せてきます。そうした個々の問題に追われているうちに肝心の話し合いができないまま、亡くなるケースも一般には多いのではないかと想像します。

当院の患者さんにも、数年前に母親を亡くした60代の女性がいます。

この方の母親は77歳で胃がんと診断されました。当初は手術で切除して経過は良好に見えましたが、2年ほど経った頃に再発。抗がん剤による治療を続けましたが効果は得られず、80歳を過ぎる頃には口から食事をとれなくなりました。それでも、できる治療を続けたいという家族の意向もあり、胃ろうで栄養をとりながら治療をしましたが、辛い治療に耐えるなかで母親は見る影もなくやせ細った姿になり、最終的に入院していた病院で息を引き取りました。享年81歳でした。

この娘さんは、母親が亡くなった当初は、すべての手を尽くしたけれど力及ばず、というそれまでの闘病の経過に疑問を感じなかったそうです。けれども、亡くなって数年が過ぎた今になって「あれで本当に良かったのだろうか」と思い返すというのです。「自分たち家族がムダな治療を望んだために、最期に母親を苦しめたのではないか」と。

このご家族の例でいえば、母親のがん発症が分かってから亡くなるまでに3~4年の時間があったわけです。がん患者さんの場合、最終盤の数カ月に至るまでは本人の意識は清明に保たれることが多いですから、闘病中の母親にもおそらく判断能力はあったと思われます。それにもかかわらず、母親本人がどういう治療・ケアを望むかを確認する話し合いをもてなかったために、結果的に娘さんがあとあとまで悩み、後悔を抱えることになってしまいました。

多くの家族は患者さんの治療や介護に付き添いながら、「少しでも回復し、もっと生きてほしい」と願っています。そういう家族にとって終末期医療や最期の話題は口にしにくい、したくない話なのだろうとは思います。

しかし、本人が最期のときまでその人らしく生きるためにも、死後になって家族が後悔しないためにも、やはりどこかのタイミングで話し合いを始めることが大事です。

病気や要介護の要因によって、経過は変わる

これから治療を始めようという方や、治療や介護を始めたばかりという方々には、それこそ縁起の悪い話で恐縮ですが、人間が年をとって病気をしたり、体が弱ったりして亡くなるまでの経過にはいくつかの傾向があります。

[図表11] 終末期の経過

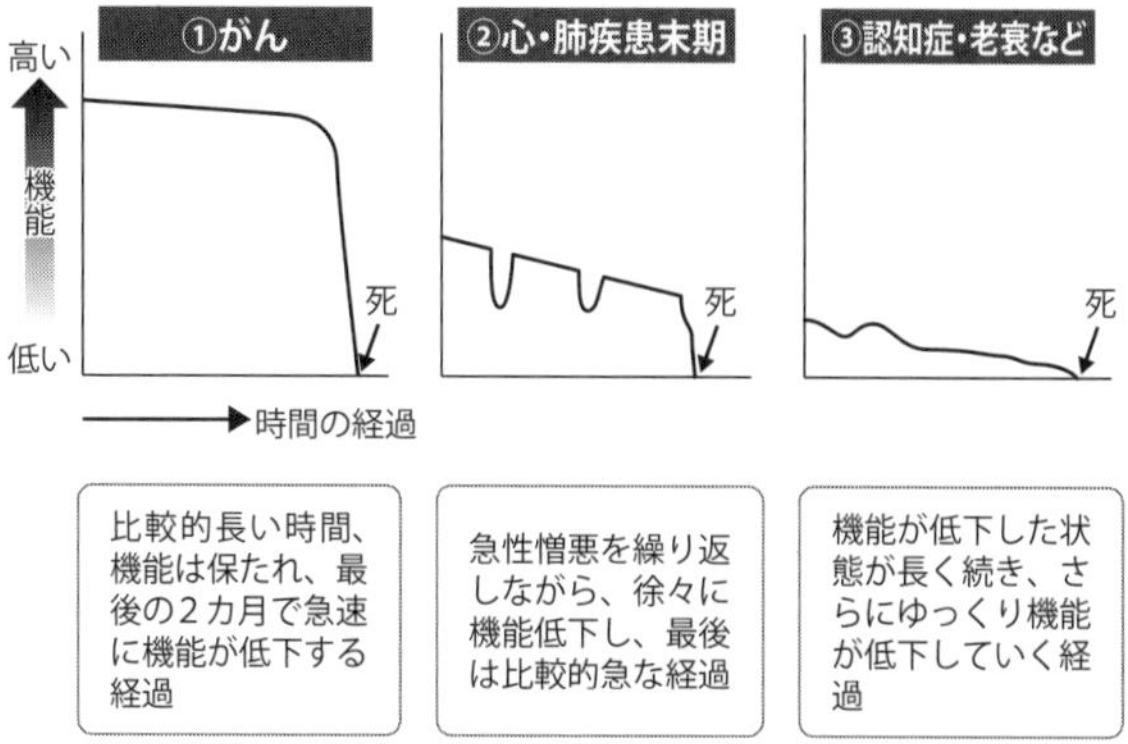
①がん
②心・肺疾患末期
③認知症・老衰など
高い
機能
低い
死
死
死
時間の経過
比較的長い時間、機能は保たれ、最後の2カ月で急速に機能が低下する経過
急性憎悪を繰り返しながら、徐々に機能低下し、最後は比較的急な経過
機能が低下した状態が長く続き、さらにゆっくり機能が低下していく経過

病気別の終末期の経過としてよく知られているのが、次の3つのパターンです。

①がんの場合

進行したがんでも、患者さんの心身の機能は比較的長く保たれます。最近は入院による治療だけでなく、通院治療も多くなっています。通院が難しくなってくると、在宅医療や緩和ケア病床に移行するようになる例が多いです。そして最終盤の数カ月で急速に心身の機能が低下し、亡くなるという経過が一般的です。

②脳卒中や心疾患、肺疾患などの場合

脳血管や心臓、肺などの病気は、あるときにガクッと落ちる時期があるのが特徴です。容態が悪化したときは入院して治療やリハビリを受けるとある程度回復しますが、心臓などの臓器の機能低下は少しずつ進んでおり、数年単位で全身の状態が落ちていきます。最後は心不全や呼吸不全などで比較的急に亡くなるケースが多くなっています。

③認知症、老衰の場合

認知症や老衰の場合は、機能が低下した状態が4～5年など、長く続く傾向があります。場合によっては要介護状態が10年以上続くこともあります。大きな病気はなくても認知症や心身の衰えは進むため、歩行が不安定になる、排泄の失敗が増える、食が細くなるなどの心身や生活上の変化がいろいろと起きてきます。そして最後はゆっくりと全身の機能が低下し、命を終えることになります。

このような終末期の経過を紹介した理由は、治療中や要介護の人の人生会議を考えると

きのポイントになるのが「変化」のときだからです。病気や衰えが悪化したり持ち直したりを繰り返しながら、徐々に最期へと向かって進んでいくのが、すべての人の人生終盤の姿です。

それまでと治療法が変わった、入院・退院で治療を受ける場所が変わった、本人の体調や生活が変わった、そういう「変化」のタイミングには医師や看護師、ケアマネジャーなどから本人やご家族に相談があると思います。そうした機会に少しずつでいいので、「今後のこと」を話し合える関係を築いていくことが大切です。

在宅医療に切り替わるときも一つのチャンス

在宅医である私の経験からしても、特に病院での治療が一段落し、在宅医療に移るときは「今後どうしていきたいか」というACP（人生会議）を行う機会になることがよくあります。

どういう医療を受けたいか（受けたくないか）という点については、医師が話を主導することも多くなりますが、実際は医師によってもACPの進め方はさまざまです。なかには在宅医療をスタートする時点で、本人や家族を前に「最期はどうしたいのか」と終末期医療や看取りの方針をいきなり尋ねる人もいるようです。

最初からズバリと現実を突きつけて本人や家族に〝覚悟〟をしてもらう、それによって無用な治療や混乱を避けるというのも、確かに一つのやり方かもしれません。

しかし、医療者の言葉は「諸刃の剣」でもあります。ちょっとした一言が患者さんや家族を勇気づけることもある一方、些細な言葉が相手を深く傷つけ、生きる意欲を喪失させたり、率直な本音を話せなくなったりすることもあります。

私自身は、患者さんが重篤な状態であっても本人や家族からＤＮＡＲ（心肺蘇生を希望しない）の意向を示されない限り、できるだけこちらからはＤＮＡＲに関する直接的な質問はしないようにしています。医療者側から強引に誘導するのではなく、患者本人や家族が置かれている状況から想像力をフルに働かせ、今、本人や家族に対してどのような言葉を発したらいいかを考え、会話することを心がけています。

日常診療のそうした〝なにげない会話〟がＡＣＰの鍵になることがよくありますが、その会話自体が患者さん自身や家族の人生の機微に関わることになるので、話をする医師の側にもある程度のスキルが必要なのは確かです。

千葉県松戸市のあおぞら診療所院長・川越正平氏も主張されているように、ACPは患者さんや家族の「変化」に合わせて現在進行形で行う、医師だけでなく多職種で行うことが重要です。できれば医療者側から正面切って尋ねるのではなく、患者や家族と接するときの会話からACPに関する情報を抽出して記録し、それをもとに多職種で話し合って本人や家族の意向を推測する。そして状態が変わったときには元の意向のままでいいのか、それとも気持ちに変化があるのかを会話のなかで確認する。そういう丁寧なプロセスが必要なのではないかと思います。

訪問看護師やヘルパーさんに協力してもらうのも一法

ACP（人生会議）は医師だけでなく多職種で行うことが大切と述べましたが、病気で治療中の人や要介護の人のACPで重要な役割を果たすことが多いのが、訪問看護師や訪問介護のヘルパーといった看護・介護のスタッフです。

当地域の訪問看護事業者として25年以上の実績をもつ鳩ヶ谷訪問看護ステーションの所長で看護師の白石恵子氏は、ACPにおける看護師の役割を次のように話します。

「在宅医療の訪問看護師は、医師よりも患者さんやご家族と接する時間を長くとれます。一回の訪問時間がだいたい1時間で、がん治療の副作用でリンパ浮腫がある患者さんであればマッサージをするなど必要なケアをしながら話をするため、それまでどういう人生を送ってきたか、大切にしているものや生活上の希望は何かなど、その人の人となりや価値観に触れる機会が多くあります。室内に飾ってある絵や写真などから、夫婦や家族の話になることもよくありますね。患者さんもその時間を楽しみにされていて、訪問が終わるときに『今日は聞いてもらって本当にありがとう』と声をかけていただくこともあります。

そうした雑談のような会話のなかから、『痛いのは嫌だ』『このままずっと家にいたい』といった患者さんのACPに関わる情報があれば、それを在宅医療チームや家族に適宜、伝えるようにしています」

もともと訪問看護師は、ACPが話題になるずっと前から、人生を終えようとしている

[図表12] ACPを進める多職種のイメージ

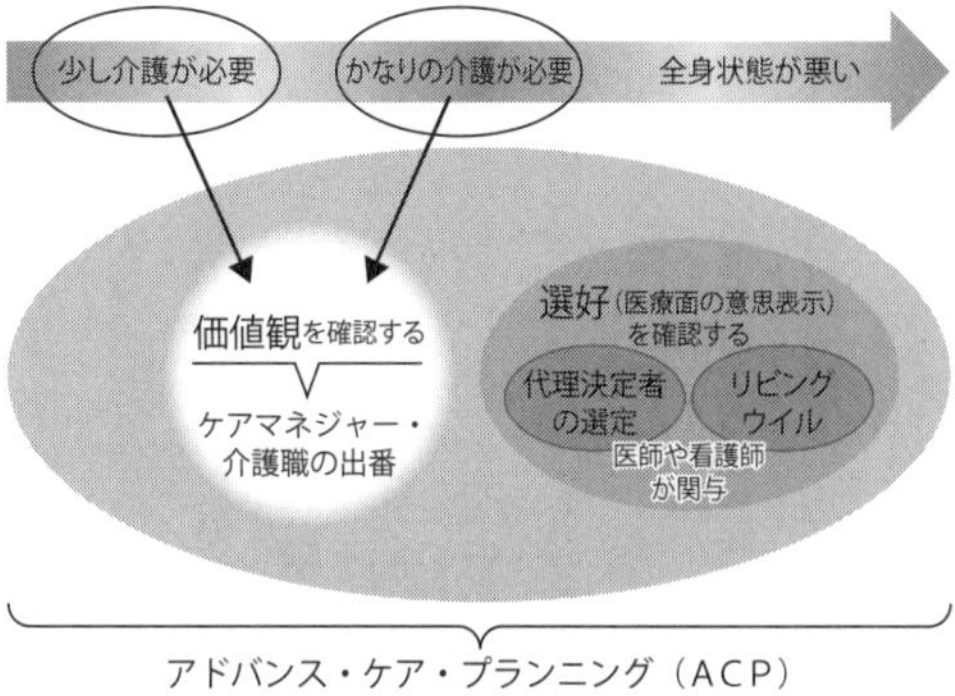

(月刊『ケアマネジメント』2019年2月号より図の一部を改編)

患者や家族に寄り添い、身体的・精神的なケアを担ってきていました。

白石氏は、ACPは以前から看護師が終末期医療の現場で自然に行っていたことと指摘しながら、新しいガイドラインやACPという概念が打ち出されたことで、看護職もこれまで以上に患者さんと家族が「これからどうしたいか、どう過ごしていきたいか」という今後の人生を考えられるような関わりが重要になると語っています。

「ACPについての研修は保健所や自治体、看護協会などでも行われていますし、この地域であれば県南在宅医療研究会(筆者が主催する地域の有志による研究会)など、学ぶ機会はたくさんあります。看護職がＡＣＰを学ぶことで、従来は医療機関や施設によってばらつきがあった最終段階の医療・ケアが、今後はどこでも一定の水準、一定の筋道で行われていくようになるといいと思います」（**白石氏**）

さらに訪問看護師以外にも、患者さんや家族の生活に密接に関わるケアマネジャー、ホームヘルパーといった介護職の方々も、ＡＣＰのチームの一員としての役割が期待され始めています。

介護を受ける側の高齢者は、仕事や子育てで忙しい子ども世代に面倒をかけたくないという思いもあり、家族にはなかなか本音を話せないこともあります。しかし看護師やケアマネジャー、ヘルパーらが間に入ることで、高齢者が素直な思いを吐露できることも少なくありません。ＡＣＰを進めるうえでも、そうした第三者的な立場から高齢者の心身を支えてくれる専門職の方々の存在はとても貴重だといえます。

本人も家族も葛藤するのが当たり前

介護生活のなかではさまざまな問題、葛藤が起こります。介護を担う家族の方々が相談したいこと、困ることがあれば、やはり看護師や介護スタッフに声をかけていただくといいと思います。

当地域の在宅医療を担う介護支援事業所の一つ「やさしい手」の中條民幸氏、新なほ氏も、家族の介護で困ったことがあればヘルパーに話してと語っています。

「例えば、トイレ介助やおむつ交換といった排泄ケアは、人として触れられたくないところでもありデリケートな問題です。寝たきりに近い状態でも、這ってでも自力でトイレに行きたいという男性もいますし、おむつをしている高齢の女性では、『家族に悪いので、（おむつ交換は）ヘルパーさんにやってほしい』という方もいます。介助やケアの方法が知りたいというご家族にはお教えしますが、最近は、介護に至るまでの家族関係もさまざまです。ご家族だけで対応が難しいところは介護士に相談していただければと思います」

（新氏）

排泄以外でも介護生活全般で、家族間だとそれぞれの思いがぶつかってしまうこともよくあります。

「以前に、高齢の父親を息子さんが介護しているご家族がいました。このお父さんは息子さんの前では何もいいませんが、私たちが訪問している時間はずっと息子さんの愚痴をいい続けているのです。お父さんは息子が介護してくれることに感謝をしていて、息子さんのことが大好きなのですが、それでも普段はいえない思いがあったのだろうと思います。また息子さんも、父親を大事に思っている気持ちは伝わってくるのですが『どうしても面と向かうと、きつく当たってしまう』と話されていました。そういうときに介護士が間に入ることで、衝突や葛藤が少し和らぐことがあります」（中條氏）

人生の終盤になると、高齢者本人も日々自分の「老い」や「衰え」に直面し、不安や複雑な思いを抱えています。それまでできていたことができなくなり、介護を受けて人に面倒をかけるばかりで役に立たない。そうした思いが本人を苦しめることもあります。

同時に、息子さんや娘さんも親の「老い」や「衰え」を認められず、葛藤することが少なくありません。

「特に息子さんにそうした傾向が強いかもしれません。いつもきれいでしっかり者だった自慢の母親が認知症になり、どんどん変わっていってしまう。それを認めることができず、親に注意をしたり叱ったりしてしまう人も多いようです。親御さんのほうも緊張してしまいヘルパーたちの前ではぼんやりしているのに、息子さんの前だけはシャンとしているという、そういうご家族もいます。

ただ『老い』や『衰え』、その先にある『死』を受け入れるのは誰にとっても簡単ではありません。みんな受け入れられない。嫌だけれど葛藤しながら、少しずつ進んでいくしかありませんし、それでいいのではと思います」（中條氏）

家族も納得して「最期」を受け入れられるように

家族の葛藤が強いときも、本人の状態の変化に合わせてＡＣＰ（人生会議）を重ねていくと、家族の気持ちも少しずつ変化していきます。以前に、鳩ヶ谷訪問看護ステーションの訪問看護師を含むチームでＡＣＰを続け、看取りに至った事例があるので紹介します。

患者さんは90歳を過ぎた女性です。80代に入った頃に脳梗塞を経験し、退院後は在宅で60代の娘さんと50代の息子さんが二人で協力して介護をされていました。

在宅介護を始めた当初は脳梗塞の後遺症で麻痺があったため、「リハビリをもっとしてほしい」という家族の希望を受け、熱心にリハビリをしていた時期もあります。

それでも80代後半になると次第に認知症の症状が進み、リハビリも難しくなりました。また何度も肺炎を起こす、食べ物の飲み込みが悪くなって食事に時間がかかるなど、さまざまな変化が現れるようになりましたが、当時の娘さんたちは「なんとかもう少し頑張ってほしい、１００歳までは長生きして」と話されていたため、私たち医師や看護師も、それ以上は今後の方針について無理に話すことはしませんでした。

そして、女性が92歳になった夏。

訪問診療で訪れると、食事が十分にとれずに脱水が進んでいることが判明。点滴をしようとしましたが高齢で皮膚も弱くなり、点滴の針がうまく設置できずに皮下注射をして様子を見ることになりました。

この頃から、女性は衰弱が進んでいる様子が見た目にも顕著になり、娘さん、息子さんの口からも「この夏を乗り切るのは難しいかな」「そろそろ（終わりが）近いんだよね」といった発言が出るようになりました。その言葉を聞いた訪問看護師が私やチームに情報を共有。そこから終末期医療や看取りについての具体的な話を進め、最終的にその年の10月に自宅で娘さん、息子さんに見守られての看取りとなりました。

本人も家族も心から納得した形で、穏やかないい最期を迎えられたと思います。

最終段階の医療について知る

ここで「人生の最終段階における医療」についても、取り上げておきます。

実際に命の終わりが近づいたときには、本人に代わって家族がどのような医療を行うかを判断することが少なくありません。最終段階に行われる医療・ケアについてある程度の知識をもっておくと、判断する際の助けになると思います。

埼玉県医師会では、本人の意思に基づいて尊厳のある最期を実現できるよう「私の意思表示ノート（My living will note）」を2019年12月に作成しています。そこに最終段階の医療として「心臓マッサージ」「気管内挿管」「人工呼吸器」「昇圧剤や強心剤の投与」「中心静脈栄養」「経管栄養（鼻から胃へのチューブ、胃ろう）」を挙げ、言葉の解説もしていますから、そうしたものを参考にするのも一つの方法です（146ページ図表13）。

［図表 13］ 私の意思表示ノート

私の意思表示

自分らしい尊厳ある最期を迎えるために

今後あなたの体調や病状が変化したり、思わぬ事故に遭遇したとして
現在の医学の治療では回復の見込みがなく
「まもなく死が訪れる」という病態であり
意思表示が明確にできない状態になった時
あなたは、どういう治療を希望しますか。

ご自身のお考えに◯をお付けください。
考えが変わったら、次のページに書き直しましょう。

1. 心臓マッサージ	希望する・希望しない・今はわからない
2. 気管内挿管	希望する・希望しない・今はわからない
3. 人工呼吸器	希望する・希望しない・今はわからない
4. 昇圧剤や強心剤の投与	希望する・希望しない・今はわからない
5. 中心静脈栄養	希望する・希望しない・今はわからない
6. 経管栄養	
・鼻から胃へのチューブ	希望する・希望しない・今はわからない
・胃瘻（いろう）	希望する・希望しない・今はわからない

7. その他、希望すること（8〜10ページにお書きください）

本人署名　　年　月　日
または
意思代理人署名　　年　月　日
（ご本人との関係：　　）

医師署名　　年　月　日

医師のコメント

（埼玉県医師会「私の意思表示ノート」より一部改編）

最終段階の医療の中には、医師によって少しずつ考え方が異なるものもありますが、ここでは皆さんに知っておいてほしい最終段階の医療を、私なりの解釈を加えて紹介します。

◆心臓マッサージ、気管内挿管、人工呼吸器

これらはいわゆる「心肺蘇生」と呼ばれるものです。心臓の拍動や呼吸が止まった（心肺停止の）人が救急搬送されると、集中治療室で施される処置です。心臓マッサージ（胸骨圧迫や除細動）は全身の血液循環を維持するため、気管内挿管や人工呼吸器装着は呼吸を維持するために行われます。

この治療のメリットは心肺蘇生によって心拍や呼吸が回復すれば、救命ができることです。私が過去に千葉県船橋市の特別救急隊の医師として勤務していた頃は、心拍と呼吸が戻る人は全体の7割、治療の甲斐なく命を落とす人が3割という感じでした。

ただ心拍と呼吸が戻っても、脳がダメージを負ってしまい意識がないまま生きている、いわゆる植物状態になるリスクもあります。人工呼吸器は装着して3日ほどの間に自発呼吸が戻れば呼吸器を外すことができるのが多いのですが、それを過ぎると自発呼吸が戻る

確率は少なくなり、なおかつ日本では一度つけた人工呼吸器を外すことはできないため、意識がないまま機械によって生かされる状態も起こり得ます。気管内挿管をして人工呼吸器につないでいる状態は、定期的に苦しい痰の吸引が必要ですし、肺炎を起こしやすくなるなど、つけているだけで当人にとっては苦痛の大きい処置です。

「長く闘病をしてきてこれ以上、死に際に苦しい思いをしたくない」「させたくない」といった場合は、心肺蘇生を受けずに済む方法をよく考えておく必要があります。

◆人工栄養（経管栄養・中心静脈栄養）

口から食事をとれないときの対処法として行われるのが人工栄養です。人工栄養は、胃などの消化管に人工的に栄養を入れる経管栄養と、血管（静脈）に栄養を入れる中心静脈栄養があります。

経管栄養には、鼻からチューブを入れる方法もありますが、もっとも多いのは胃に小さい穴をあけてそこから栄養を流し入れる「胃ろう」です。胃腸が正常に働いている人であれば、口から食べるときと同じように消化・吸収ができ、食事介助などの負担も少ないのがメリットです。本人が少しでも長く生きたいと考える場合は大変有効な手段です。ALS（筋萎縮性側索硬化症）などの神経難病や老衰で口から食べられなくなった人が行うケースが多いです。

デメリットとしては、胃ろうでしか栄養をとれない人が本人や家族の意向で胃ろうを中止することはできないため、死にゆく過程の自然な流れを妨げ、人工的に生かすことになる可能性があることです。

中心静脈栄養は心臓近くの太い静脈にカテーテルという細いチューブを入れて、必要な栄養を含む点滴をするものです。

血糖値が上がりやすく肝臓に負担をかける、腸管が萎縮して免疫機能が落ちるといったデメリットもありますが、口から食べられず、消化管が使えなくなった人でも延命できる効果は高く、がんの終末期で本人の希望があるときなどに行われます。

◆疼痛コントロール

がんの治療中は疼痛のコントロールも重要なポイントです。これは患者さんが治療法を選ぶというより、医師の治療薬の使い方、緩和ケアの知識が重要になります。

いちばんのポイントは痛みの強さに合わせて、十分量の鎮痛薬や麻薬を使うことです。WHO（世界保健機関）でもがん疼痛治療法として、「3段階除痛ラダー」という方法論を示しています（151ページ図表14）。

痛みの程度が軽い段階では、アスピリンやアセトアミノフェン、イブプロフェンといった非オピオイド系の消炎鎮痛薬を使いますが、それでも痛みが残ったり、痛みが増したりする場合は、段階的に弱オピオイド（弱い麻薬）、強オピオイド（強い麻薬）を使用していきます。これらの麻薬は錠剤、散剤（粉末）、液剤、舌下錠、座薬、貼付剤、注射などさまざまな形状があり、医師が介護を担う家族に指示をして、患者さんの状態に合わせて投与してもらうこともあります。

痛みがあると食事が進まないなど、患者さんの生活の質が大きく下がります。また前にも述べましたが、麻薬を使うことで寿命が短くなるという心配はありません。患者さんの痛みがあるときは我慢せず、医師や看護師に率直に伝えたり、医師の指示で鎮痛薬や麻薬を使用したりするようにしてください。

[図表 14] WHO 方式がん疼痛治療法の鎮痛薬リスト

薬剤群	代表薬	代替薬
非オピオイド鎮痛薬	アスピリン アセトアミノフェン イブプロフェン インドメタシン	コリン・マグネシウム・トリサルチレート[a)] ジフルニサル[a)] ナプロキセン ジクロフェナク フルルビプロフェン[※1]
弱オピオイド （軽度から中等度の強さの痛みに用いる）	コデイン	デキストロプロポキシフェン[a)] ジヒドロコデイン アヘン末 トラマドール[b)]
強オピオイド （中等度から高度の強さの痛みに用いる）	モルヒネ	メサドン[a)] ヒドロモルフォン[a)] オキシコドン レボルファノール[a)] ペチジン[c)] ブプレノルフィン[a)] フェンタニル[※2]

a：日本では入手できない薬剤。
b：日本では注射剤のみ入手可能。
c：がん疼痛での継続的な使用（反復投与）は推奨されていないが、他のオピオイドが入手できない国があるため、表に残された薬。
d：経口投与で著しく効果が減弱する薬。
※1：原著では、基本薬リストに挙げられていないが、非オピオイド鎮痛薬の注射剤としてはフルルビプロフェンの注射剤（ロピオン®）がある。
※2：（強オピオイド）フェンタニルは、経皮吸収型製剤（貼付剤）と注射剤が使用できる。当時はフェンタニル貼付剤を使える国が限られていたことから、原著では基本薬リストに挙げずに文中での記載にとどめている。

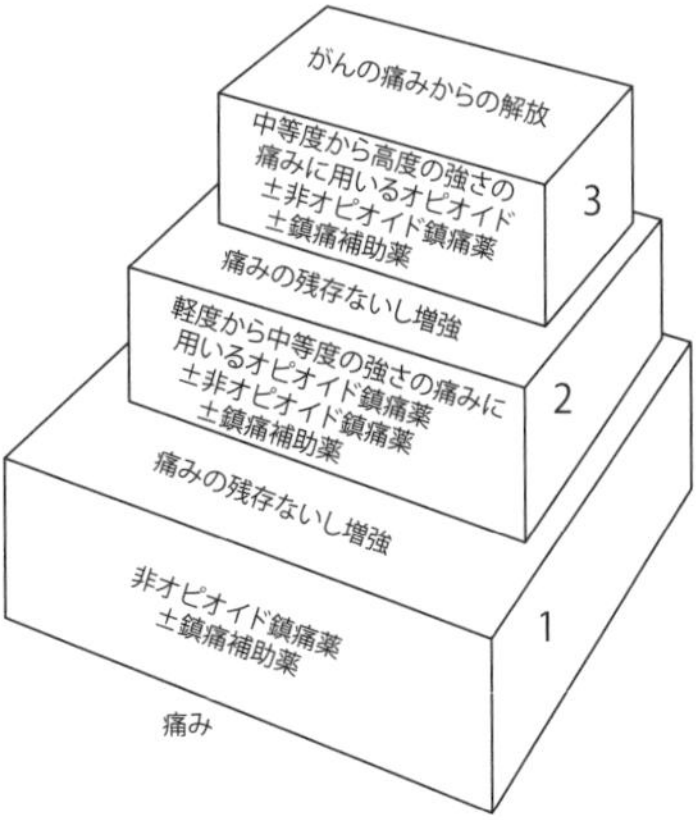

（日本緩和医療学会「がん疼痛の薬物療法に関するガイドライン2010年版」より）

◆点滴

最期のときが迫り、いよいよ食事も水分もとれなくなってきたときに、行われることがあるのが点滴です。本当の最終段階になって治療・ケアでできることはもうないが、命が終わるまで何もしないでいるのは医師や家族にとって耐え難い、そんな場合に水分補給というくらいの意味合いで点滴を行うことがあります。

私の経験からすると、最終段階に水分を入れるだけの点滴は、基本的には不要と考えています。

医学の教科書では、例えば体重50kgの人には1日2リットルの点滴を入れてもいいということになっていますが、実際はこの量の点滴は終末期には多過ぎます。水分を多く入れ過ぎると痰が増えたりむくんだりしますし、体内の臓器にも水が溜まり、肺に水が溜まれば呼吸困難になり、〝陸で溺れた〟溺死のような状態になります。

また最近は、点滴の量を減らして不感蒸泄（汗や呼気で出ていく水分）の量といわれる1日約900㎖あれば、むくむことも少なく適度な水分を保って延命できるとする方法もありますが、栄養をとらないまま命を長らえると、結局患者さんは自分の体（筋肉など）

をエネルギーとして生きることになります。その結果、患者さんは自身の体を使い切り、骨と皮ばかりの変わり果てた姿になって、命が尽きることになります。

反対に点滴をしないでいると、患者さんは脱水によって亡くなるので、極端に痩せたりすることはなく、その人本来のイメージを保ったまま最期に至ります。点滴を続けた場合に比べると死期は少し早まりますが、心臓や肺に余計な負担をかけることもなく、本人にとってもラクな最期となります。本人の苦痛を減らすことを考えるのであれば、やはり点滴はいらないように思えます。

本人の希望と合わせて、こうした医療の知識もＡＣＰを話し合うときの判断材料にしていただければと思います。

希望の最期は「揺れる」もの

それでは最終段階を過ごす場所、看取りの場所はどう考えればいいでしょうか。

私自身は、病院の集中治療室に横たわり、さまざまな管をつながれてモニター音だけが響くなかで死んでいく――というのはごめんです。やはり好きなものに囲まれ、何より自分らしく安らいでいられる自宅で最期まで過ごしたいと思っています。
また現在は、以前に比べると、各地で在宅医療を手がける医療機関や介護事業所も増えています。本人が在宅での最期を望んでいて、家族もそれに理解を示しているときは在宅死が実現しやすくなっているのは確かです。

ただ私は、いつもどんな人にも在宅死がいいとは考えていません。また病院で死ぬのが必ずしも悪いとも限りません。本音をいえば在宅死が希望だけれども、本人や家族が心配になったら「やっぱり病院へ」でもいいと思っています。

というのも、ずっと在宅で療養をしてきてそのまま最期までと思っていた人でも、いざ終末期になると想定外のことが起こることがあるからです。

例えば、がんの終末期では、突然に血を吐いたりすることがあります。胃がんや肺がんでは吐血、喀血がありますし、脳に腫瘍が転移すると突然てんかん発作を起こす例もあります。そういう事態に遭遇すると家族も驚き、不安になってしまいます。

もちろん、私たち在宅医も終末期に起こり得る事態は事前に説明をしていますし、急を要するときは医師や看護師が駆けつけて対応をします。それでも、本人やご家族の不安が大きいときは病院と連携し、治療やケアを受けるのもいいと思います。

最近は「病院か」「在宅か」という二者択一ではなく、必要なときには病院の医師と在宅医が協力して、最終段階の医療・ケアを行っていくケースも増えています。

当院でも、多発性骨髄腫を発症している70代の患者さんがいます。この方は基本的には家にいたいということで、普段は在宅療養が中心ですが、状態が悪くなると地域の緩和ケア病床に入院し、ケアを受けて苦痛がとれるとまた在宅に戻るという生活を送っています。ここの緩和ケア病棟では希望すれば看取りにも対応してもらえるため、もし病院で看取りになってもモニターのない穏やかな最期を迎えられそうです。

また60代男性で肺がんの末期の患者さんの例もありました。

亡くなる少し前のことですが、マンションで一人暮らしをしていたこの方を訪問したとき、私がドアを開けると「シャーッ」という音が聞こえてきます。あれ？　と思ってみると、男性が洗面器を抱えて真っ赤な血を吐いている音でした。私が「このまま自宅にいても心配なら病院に行く？　どうする？」と尋ねると、「病院で治療していたときの主治医に相談してほしい」という返事です。

私が病院の主治医にその場で電話をすると、電話口の向こうで医師は「やっぱり血を吐いちゃいましたか」と落ち着いた口調で話し、すぐに入院の手筈を整えてくれました。患者さんが大量の血を吐くという非常事態にも動じることなく、冷静に対応できるのはそれだけの実績と自信があるからです。

男性は入院後に亡くなりましたが、同じ医師である私からみても、こういう医師が最期にそばにいてくれると頼もしいだろうと感じたものです。病院の医師としっかりと協力体制を作り、患者さんや家族にとって安心できる看取りを提供できるようにしていくことも大切だと感じます。

なお、最終段階でつらくなったときは病院で緩和ケアを受けたい人は、急に入院を希望しても受け入れられないこともあります。早めに緩和ケアを行う病院と相談しておくといいでしょう。

「最期まで自宅で」を叶えるための3カ条

看取りのときに、もっとも避けたいのは高齢者・患者さんに「病院には行きたくない」「これ以上の治療を受けたくない」「最期まで自宅で過ごしたい」という希望があるにもかかわらず、思いがけず病院に運ばれ、無用で苦しいだけの延命治療が施されてしまうことです。

そこで、「最期まで自宅で」という希望がある人がそれを叶えるために、覚えておいていただきたいポイントを3つ整理しておきます。

①「家にいたい」という希望を周りに伝える

患者さんやご家族は「最期まで自宅にいたい（いさせてあげたい）」という希望があるならば、それを積極的に意思表示してください。在宅医療チームとの人生会議の話し合いでもいいですし、雑談のときでもいいので折に触れて、その意思を伝えてほしいと思います。エンディングノートなどに記録をしている人は、それも医師や看護師、ヘルパーら周囲の人に伝えてください。在宅医療チームがその希望を叶えるべく、サポートしていきます。

②本人に代わって意思決定をする代理人を決める

本人が意思表示をできなくなったときに備え、本人に代わって方針などを判断する代理人を決めておくことも重要です。高齢者が突然倒れて意識がないときや、病気が進んで正常な判断ができなくなったとき、治療をするのかしないのか、看取りの場所をどうするかなどで親族間の意見が割れ、混乱することが多々あります。そして急に現れた遠方の親族が濃厚な治療を主張し、本人の意に反する治療が行われてしまうケースがあります（50〜51ページ「遠い親戚」問題、「カリフォルニアから来た娘症候群」も参照）。

それを防ぐには、介護が始まったらなるべく早い時点で本人以外の意思決定する人を決めておき、その人が中心となって人生会議を続けていくのがいいと思います。

③何かあったら119番でなく、「かかりつけ医」に電話する

高齢者や人生の最終段階にある人が、意識を失っている、呼吸をしていない、容態がおかしいというとき、119番をしないようにしてください。119番をしてしまうと自動的に救急搬送され、心肺蘇生が行われます。エンディングノートなどに心肺蘇生を望まない意思表示をしていても、地域や搬送時の状況によっては希望が救急医療に反映されないこともままあります。

いざというときは119番でなく、まず在宅医やかかりつけ医に電話をしてください。病院での治療が必要なときはかかりつけ医から病院へ連絡します。かかりつけ医の電話番号を紙に書いて自宅の電話前に貼る、家族の携帯電話に登録しておくなどして「何かあったらここへ電話する」というしくみを作っておくのもいいでしょう。

これは日常的に介護をしている家族だけでなく、離れて住む家族や訪問介護のヘルパー、マンション管理人や隣人など、できる限りの人に周知しておくとより安心です。

以上の3点を、ぜひ皆さんに覚えていただき、実践していただきたいと思います。

［第6章］

本人のため、家族のために「死」を考えよう

国民の死因の第3位が「老衰」に

2018年の人口動態統計で日本人の死因に一つの変化があり、医療関係者の間でもちょっとした話題になりました。それは初めて「老衰」が死因の第3位に浮上したことです。

1980年代頃から、日本人の死因のトップはずっと「悪性新生物（がん）」が続いています。2019年にがんで亡くなった人は、死者全体の27・3%。国民の3・6人に1人ががんで亡くなっている計算です。それに続く死因の第2位が「心疾患（15・0%）」で、第3位が「老衰（8・8%）」、第4位が「脳血管疾患（7・7%）」、第5位が「肺炎（6・9%）」となっています（164ページ図表16）。

戦後から長らく日本人の死因はがん、心疾患、脳血管疾患（脳卒中）の3つがトップ3を占めていました。近年、高血圧の薬や脳卒中の治療法が進化したこともあり脳血管疾患で亡くなる人は減少傾向にあり、ここ10年ほどは第1章でも触れたように、肺炎による死亡が増えて死因の第3位となっていました。そしてここへ来て「老衰」が急激に増加し、脳血管疾患や肺炎を上回って、ついに3番目となったのです。

このことから、私は二つのことが読み取れると思います。

一つは医療技術・救命技術の進化や国民の健康意識の高まりなどから、従来の脳卒中のような病気で直接命を落とす人は減ってきているということです。

そしてもう一つは、医療や救命技術が進化しても、年をとって心臓や肺、腎臓、脳といった臓器の機能が全体的に弱る〝老化による衰え〟は止めることはできないということです。結果的に直接的な死因となる病気がなくても、全体的な衰えによって命が終わる「老衰」が増えており、医療者側もそれを積極的に認めるようになっているということだと思います。

つまり、年をとって病気になってもならなくても、最期には必ず「死」が訪れる。その事実に国民全体で向き合わざるを得なくなっているように私には思えます。

さらにいえば、超高齢社会のこの国には年をとって病気になった人や、体が弱くなった人が数千万人という規模でいるわけです。そうした人たちが、病気になっても心身が衰え

[図表 15] 主な死因別にみた死亡率（人口 10 万対）の年次推移

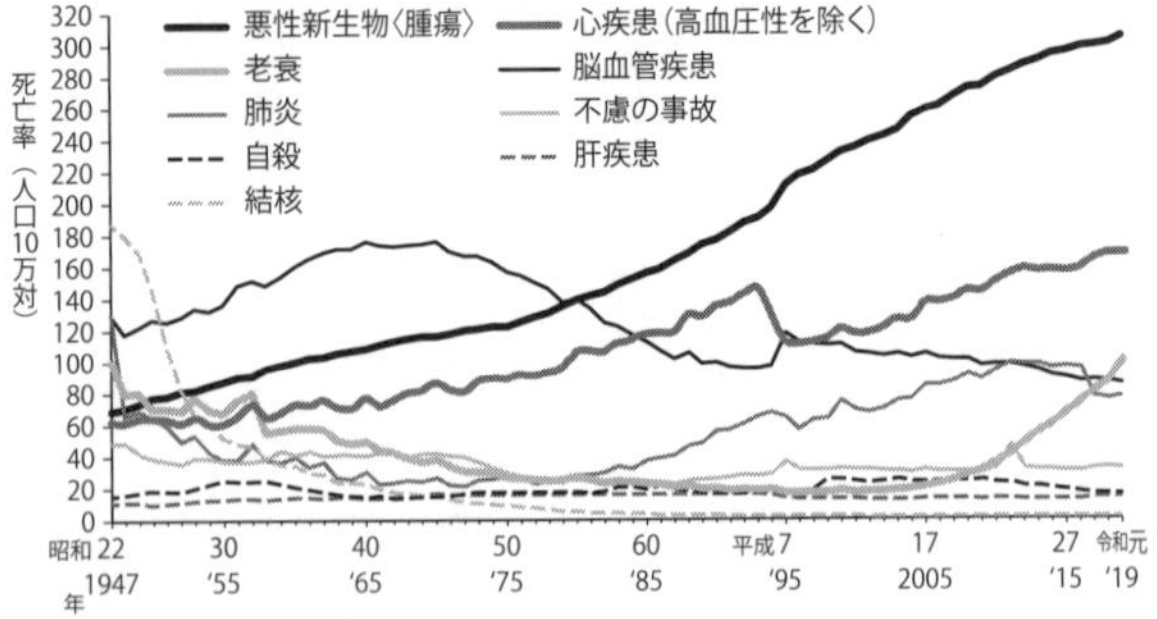

注：1）平成６年までの「心疾患（高血圧性を除く）」は、「心疾患」である。
2）平成６・７年の「心疾患（高血圧性を除く）」の低下は、死亡診断書（死体検案書）（平成７年１月施行）において「死亡の原因欄には、疾患の終末期の状態としての心不全、呼吸不全等は書かないでください」という注意書きの施行前からの周知の影響によるものと考えられる。
3）平成７年の「脳血管疾患」の上昇の主な要因は、ICD-10（平成７年１月適用）による原死因選択ルールの明確化によるものと考えられる。
4）平成 29 年の「肺炎」の低下の主な要因は、ICD-10（2013 年版）（平成 29 年１月適用）による原死因選択ルールの明確化によるものと考えられる。

（厚生労働省「令和元年 人口動態統計月報年計（概数）の概況」より）

[図表 16] 主な死因の構成割合（2019 年）

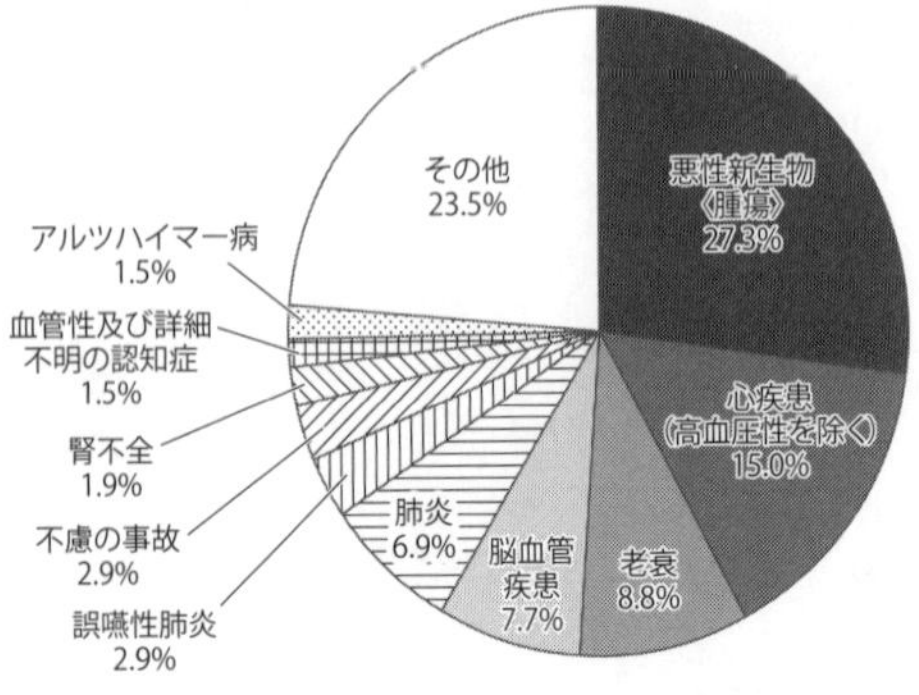

（厚生労働省「令和元年 人口動態統計月報年計（概数）の概況」より）

ても最期までその人らしく生きられる。そういう社会を早急に検討し、実現に向けて動いていかなければならないと思います。

救急医療の現場に、本人の意思を反映するしくみを

まず私が早急な対応が必要と考えるのは、救急医療の現場で、人生会議（ＡＣＰ）などで示された本人の意思が反映されるしくみを作ることです。本人や本人の代理者が書面その他で「心肺蘇生を望まない」意思表示をした場合、救急隊員が安心して「蘇生中止」をできる規定・基準を確立する必要があります。

東京消防庁では２０１９年12月16日より、１１９番通報を受けたあとに、心肺蘇生を望まないことが分かった傷病者に対し、救急隊がどのように対応をするかを示した新しい規定の運用を始めています。報道発表には、次のような解説が付記されています。新しい規定が導入された背景や対応の考え方がよく分かるので引用しておきます。

○背景

人生の最終段階にある傷病者の中には、ACPを行い自分が心肺停止になったときに『心肺蘇生の実施を望まない』方がいます。

しかし、傷病者が『自宅でのお看取り』という意思を固めていたとしても、慌てた家族等から救急要請があった場合、救急隊は救命を主眼とした活動を行うため、心肺蘇生を実施して医療機関に搬送し、傷病者の意思に沿うことができません。

○検討経緯

こうした現状を踏まえて『医療倫理の四原則』の一つである『自律尊重の原則』に基づき、可能な限り傷病者の意思を尊重できるように、東京消防庁救急業務懇話会や東京都メディカルコントロール協議会等での検討を踏まえ、救急活動の体制を整理しました。

具体的には、心肺停止の人を家族等が見つけて慌てて救急車を呼んでしまったとき、救急隊が書面や口頭で「心肺蘇生を望まない」という情報を得た場合、必ずかかりつけ医に連絡することになっています。

そしてかかりつけ医に確認して、①ＡＣＰが行われている成人で心肺停止状態であること、②傷病者が人生の最終段階にあること、③傷病者本人が「心肺蘇生の実施を望まない」こと、④傷病者本人の意思決定に際し想定された症状と現在の症状とが合致すること、という４要件に当てはまることがわかった場合、救急隊は心肺蘇生を中断し、かかりつけ医や家族等に傷病者を引き継ぐこととなっています。

こうした対応が広く普及すれば、人生の最終段階になって望まない蘇生を施される高齢者は確実に少なくなりますし、救急隊や救命救急医の葛藤や混乱も大きく減るはずです。救命救急にかかる資源を本当に必要とする人たちに集中できるため、社会的な恩恵もひじょうに大きいと思います。

ただ現在は国の基準ではなく、各地域の消防庁・消防局などがそれぞれ検討・運用をしている段階です。私も地域の川口市消防局にこうした基準の導入を提案しているところですが、ゆくゆくは国としての基準が作成され、全国どこでも同じ対応ができるように徹底されていくことを望みます。

［図表 17］ 心肺蘇生を望まない傷病者への対応について

1 現状

終末期の傷病者が、家族や医師等と話し合って（ＡＣＰ：愛称「人生会議」）自宅での看取りなどの意思を固めていても、慌てた家族等から救急要請があった場合、救急隊は救命を主眼とするため、現行の体制では傷病者の意思に沿うことができない。

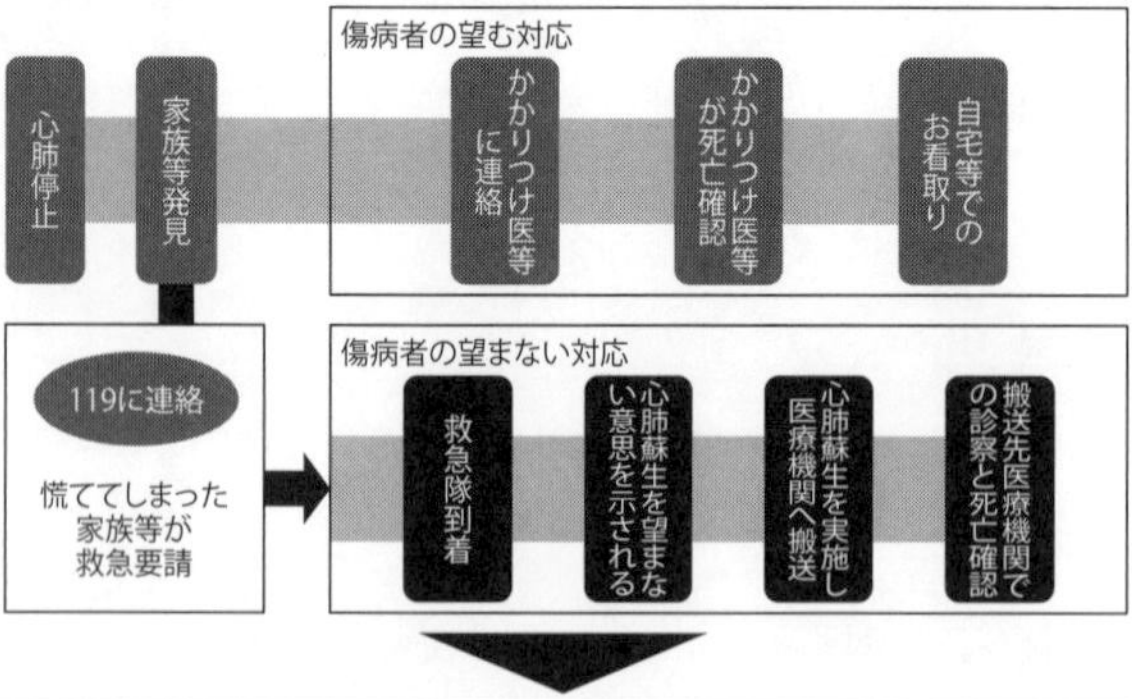

可能な限り傷病者の意思を尊重できるように、東京消防庁救急業務懇話会や東京都メディカルコントロール協議会等での検討結果を踏まえて、**対応体制を整理**

2 運用の要件

1 ＡＣＰが行われている成人で心肺停止状態であること

2 傷病者が人生の最終段階にあること

3 傷病者本人が「心肺蘇生の実施を望まない」こと

4 傷病者本人の意思決定に際し想定された症状と現在の症状とが合致すること

救急隊から**「かかりつけ医等」に連絡**し、これらの項目を確認できた場合、心肺蘇生を中断し「かかりつけ医等」又は「家族等」に**傷病者を引き継ぐ。**

（東京消防庁資料より一部改編）

安心して孤独死できるのが理想

次に、一人暮らしの高齢者が亡くなったとき、いわゆる「孤独死」についても、今のように100%すべてが検視というのではなく、尊厳をもって見送れる社会的対応ができないかとも考えています。

2015年の内閣府データによると、65歳以上の人のいる全世帯（約2400万世帯）のうち、すでに単身世帯が約624万世帯（26・3%）あり、高齢の夫婦のみの世帯が約750世帯（31・5%）となっています。高齢夫婦も、どちらかが亡くなれば単身世帯になりますから、高齢者の一人暮らしはもはや当たり前の生活スタイルであり、今後もより増えていくと予想されます。

先日、知人から東京都板橋区の高島平団地の話を聞きました。この団地は昭和40年代に建設され、かつては東洋一のマンモス団地といわれました。現在も大規模改修を経て、賃貸と分譲を合わせた総戸数は1万超、団地住民は3万人という規模になっています。

古い歴史をもつ高島平団地では、ずいぶん前から高齢者の孤独死が問題になっていて、孤独死を防ごうということで、地域住民による高齢者単身世帯への声かけ活動が熱心に行われているということです。

ところが、団地内の一人暮らし高齢者にアンケートをとったところ、3割くらいの人が定期的な声かけを望まず、「放っておいてほしい」と回答しているそうです。

高齢者の一人暮らしというと、私たちはどうしても「孤独」「孤立」「寂しい」というイメージを抱いてしまいがちですが、一方で一人暮らしには、誰にも気を使わずに自分のペースで生活できる気ままさ、自由があります。

自立した生活ができる人がそれを選んで一人で生きているのであれば、そのまま一人で死ぬのも私は悪くないと思います。それは「寂しい孤独死」ではなく、その人らしく生きた幸せな人生の最期なのではないでしょうか。

問題は、一人で亡くなった状態で第三者に発見されると警察が呼ばれて検視になること、そして発見されるまでに時間が経ち過ぎると、遺体が腐敗することです。

警察の対応については、救急隊の場合と同じように一定の要件に合致する人についてはかかりつけ医に連絡するシステムを検討してもいいのではないでしょうか。

遺体の状態に関しては、腐敗が進んでしまうとものすごい異臭がするようになります。そうなるとどうしても孤独死＝悲惨な最期という印象が強くなりますし、近隣の人や住居の管理人らにも迷惑がかかってしまいます。

最近では、毎日使うはずの電化製品の使用が途絶えると通報がいくような単身者用の見守りシステムが開発されていますが、そうしたものを利用するのも一つの方法でしょう。本人の生活の自由やプライバシーを守りながら、ＩＴを駆使して命に関わる異変を察知できるような優れたシステムが開発され、普及することを期待しています。

「尊厳死」の法制化は必要か

次に、「リビング・ウイル（尊厳死の意思表示）」と法律の問題についても、少し触れておきます。

現在の日本では、患者本人が「リビング・ウイル」や「事前指示書（ＡＤ）」の書面を作成していても、それに法的な効力はなく、そこに示された意思が実際の医療現場で必ず反映されるとは限らないことは前にも書きました。

その理由は、患者の意思に基づく終末期医療（治療の実施および治療の差し控え、中止、終了も含む）や医療者の責任などについて、明確に規定する法律がないからです。

救急医療の現場での終末期医療については、日本救急医学会、日本集中治療医学会、日本循環器学会が共同で「救急・集中治療における終末期医療に関するガイドライン～3学会からの提言～」を2014年に公表しています。

そこでは救急・集中治療における終末期の定義とその判断、延命措置への対応などが記されています。延命処置の減量や中止についても次のような例を挙げ、患者や家族に十分に説明し同意を得て進めることができるとしています。

（1）人工呼吸器、ペースメーカー、補助循環装置などの生命維持装置を終了する。

（2）血液透析などの血液浄化を終了する。

（3）人工呼吸器の設定や昇圧薬、輸液、血液製剤などの投与量など呼吸や循環の管理方法を変更する。

（4）心停止時に心肺蘇生を行わない。

ところが、これらはあくまでガイドラインであり、現時点の日本の法律に照らし合わせると、いくつかの問題点があるという指摘があります。

現行の法律からすると、本人や本人の代理としての家族の同意がないまま延命処置を取りやめることは、刑法で殺人罪に問われる可能性があります。また同意があったとしても嘱託・承諾殺人罪あるいは自殺幇助罪に問われる可能性が残るということです。これは法改正がなされるか、あるいは新たな法律が成文化されない限り、いかにガイドラインで定義されようとも事情は変わりません。

こうした法的なリスクが残るために、医師が責任追及を恐れて本人の意思と異なる治療を行ってしまう、あるいは本人の意思に反して延命治療を中止できないという事態が起こり得るのが今の日本の現状です。

そのため、日本尊厳死協会などが中心となって2012年に「終末期の医療における患者の意思の尊重に関する法律案（仮称）」、いわゆる尊厳死法案を作成し、国会提出が検討されていることは、前著にも記したとおりです。

おそらく、一度始めた人工呼吸器などの生命維持装置を外すような行為は日本ではハードルが高いかもしれませんが、今後、ＡＣＰや患者の意思に基づく医療が普及していく中で、水分や栄養の補給の制限、中止あるいは人工透析を行わないといった行為は、医療者側にも患者や家族の側にも少しずつ認知され、広がっていくだろうと想像します。

そのときに、命と真摯に対峙している医師の法的リスクをなくすためには、終末期の医療や尊厳死の定義を法律に盛り込んでいく必要があるだろうと考えています。

ＡＬＳ患者女性の安楽死事件を考える

尊厳死とよく似た言葉に安楽死があります。尊厳死と安楽死、この二つの定義は国や文化などによっても少しずつ異なるようですが、日本尊厳死協会をはじめ日本では、

・安楽死＝医師が致死薬を投与するなどして死に至ること
・尊厳死＝無用な延命治療を行わないこと

という意味合いで使われることが多いようです。

近年は、この安楽死についての議論も高まってきています。『おしん』や『渡る世間は鬼ばかり』といった人気ドラマの脚本家であり、当時91歳だった橋田壽賀子氏が『文藝春秋』２０１６年12月号に「私は安楽死で逝きたい」というエッセイを掲載し、大きな反響を呼びました。

その後、安楽死について語った書籍も刊行され、そのなかで橋田氏は「死に方を選べる社会を」「生かすだけの医療から、選択肢を与える医療へ」「治療しなければ罪という文化の見直しを」などの主張を述べています。尊厳死（安楽死）の法制化については次のような記述もあります。

「安楽死の法制度がなければ、お医者さまは必要とされる治療をしなかっただけで、つまり尊厳死の手伝いをしただけで、責任を問われかねません。その治療が必要なのか、ただの気休めか、それともまったくのムダなのか、お医者さまが一番わかっているはずなのに、やらなければ責任問題になるから、止めるわけにはいかないのが現状です。

患者の尊厳を守ろうとするお医者さまほど、責任を問われたり犯罪者になってしまうのでは、やはりおかしい。医師としての良心からの行為を犯罪にしない社会に、変えていかなければなりません。」（橋田壽賀子著『安楽死で死なせて下さい』より）

折しも安楽死の問題では、難病のALS（筋萎縮性側索硬化症）の女性（当時51歳）の依頼を受け、医師二人が薬物を投与して死亡させた事件も話題になりました。2020年8月にはこの医師二人は嘱託殺人罪として起訴されています。

この問題については、病気が進行していた女性からSNSで依頼を受けて致死薬を投与したという医師の行動について、メディアの報道では「命を支える医療者としてあり得ない」「報酬目的の医師の闇営業」といった批判が中心になっています。

しかしこの事件を、常識を逸脱したトンデモ医師による異例の事件として片づけてしまうのは、私は違うのではないかとも感じています。

病気などによって耐え難い心身の苦痛があり、「自ら命を終えたい」と思う人は年齢や病状を問わず一定数いるものです。そういう人たちの意思をどう受け止めるのかについても、私たちはもっと深く考えていかなければなりません。

人生を医療だけでなく、社会で支える

安楽死（医師による致死薬投与などの積極的安楽死）を法律で認めている数少ない国の一つに、オランダがあります。オランダでは近年、「ポジティブヘルス」という概念が注目され、さまざまなレベルで実践も進んできているようです。

ポジティブヘルスとは、2011年にオランダの元家庭医マフトルド・ヒューバー氏が提唱した概念です。日本語に訳すと「社会的・身体的・感情的問題に直面したときに適応し、自ら管理する能力としての健康」となります。

ちょっと分かりにくいですが、これは人が病気になったり介護が必要になったりしたときに、医療・介護の専門職がすべての問題を医療・ケアで対処するのではなく、本人が自らの意思でさまざまな対処法、解決法の中から自分に合ったもの選ぶことができる、それ

［図表 18］ポジティブヘルスのイメージ図

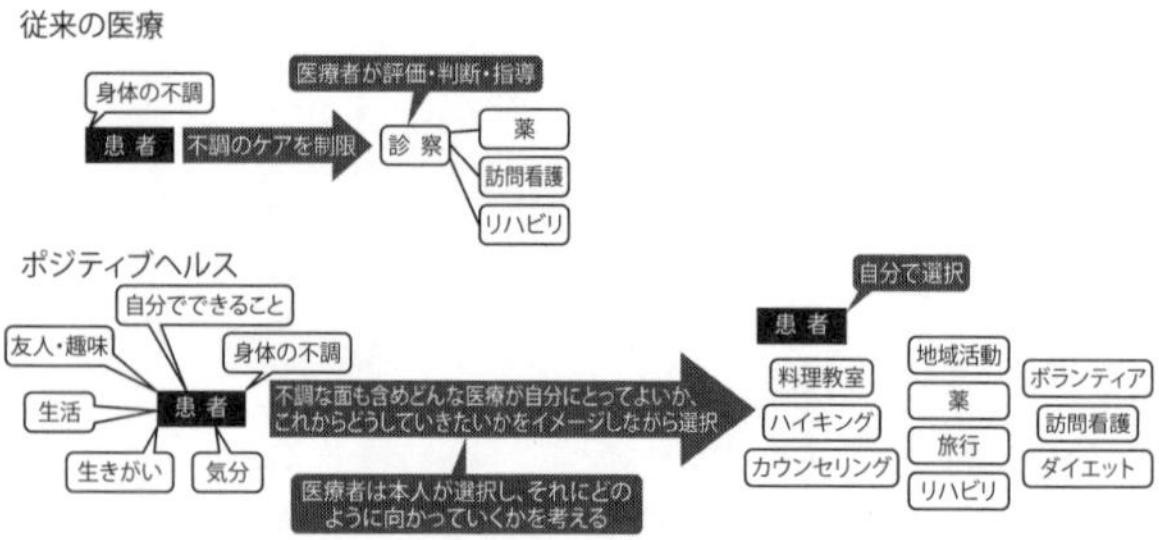

が真に健康な状態であるというコンセプトです。

近年、先進諸国では検査・医療技術が進化し、本来は医療が介入すべきではないこと、医療以外の方法で解決できることにも、簡単に医療が入り込むようになっています。例えば夜によく眠れないと訴える高齢者がいた場合、病院に行けばすぐに睡眠薬が出されます。しかし、本当は昼間に活発に心身を働かせる活動があれば、薬などなくても眠れるはずです。その意味では、その人に必要なのは睡眠薬ではなく、打ち込める趣味の活動や働きたい人が働ける仕事といった〝医療以外の〟解決策です。

先の「自ら命を終えたい」という願いなども、医療で解決できることは限られています。福祉や宗教、哲学など、さまざまな面からの支援が欠かせません。

しかし、現代人は何か心身の不調、不具合があると医師や介護職を頼り、医療・介護の専門職もそれに応えようとしてきた結果、必要以上に「社会の医療化」が進んできました。それに対してポジティブヘルスは、医師や介護職が判断・主導するのではなく、その人本人が主導権をもち、医療を含むさまざまな選択肢のなかから自分で判断して選ぶことを重視します。つまり、これまでとは逆の流れにあたる「医療の社会化」が必要だと、ヒューバー氏は指摘します。

オランダではこの概念を国も後押ししており、各地に健康センターが作られています。センターには家庭医や薬局、訪問看護チームなどの医療資源が集まっており、さらに地域の図書館やコミュニティーセンター、ボランティア団体、スポーツ団体などとも密接なつながりをもち、「全人的な関わり」を掲げて活動しているといいます。

介護を受けている高齢者も「できることは自分でする」、介護者も「本人ができることに手を出さない」というスタンスで、介護職員の休憩時間には介護士と高齢者がのんびりお茶を飲んだりしているそうです。日本の手厚い介護から見れば〝手抜き介護〟ですが、本人がやりたいことを自分のペースでできるため、かえって高齢者は元気でいられるのだそうです。

日本でも、住み慣れた地域で高齢者を支えるという「地域包括支援」の基本的な考えはこれに近いものがありますが、現状はやはり医療・介護の専門職の役割が大きいように思います。オランダの取り組みは、本人を中心にして医療だけでなく社会全体で高齢者を支える、病気をしても高齢になっても本人が主体となって「どうしたいか」を選べるといった点において、見習うべきところがあるように感じます。

子どもの頃から死を学ぶ「死育」を

また、若い人や子どもも含めて国民が「死を学ぶ」ことも大切だと思います。

第4章で紹介した千葉県松戸市の「まちっこプロジェクト」（118ページ）のような取り組みも、全国的に広がっていくことを期待しています。私も川口市教育委員会に検討をお願いしているところです。

ちょうど文部科学省でも道徳の教科化が始まっています。公立小学校では2018年から、公立中学校では2019年から道徳が教科の一つになり、そのなかで「生命の尊さ」

などについて学ぶことが必須となっています。人は年をとると病気や認知症になり、家族や地域の支え合いが重要になることや、すべての命には終わりがあるということを、子どもの頃から学んでおくことは意義があります。

先に挙げた橋田壽賀子氏も著書で「二十歳の誕生日に、死について考えよう」と提案をしていますが、今年90歳を迎える作家の曽野綾子氏も、石原慎太郎氏との対談による近著のなかで、子どもの頃から学校教育を通じて死について考える「死育」が必要と語っています。

キリスト教徒であり、戦争を経験している世代の曽野氏は「死育」の内容について、次のようにも語っています。

「私の中に、人は常に最後の日を考えて生きねばならないという思いがあるんです。死という逃れられないものがあって、でもその時が来るまで、与えられている生涯をどれほど自分の自由に使えるかということ、人には生きて果たさねばならない義務があるということ、そういったことを、小さいうちから教えていくということですね。決して内向きな教えではありません。」（石原慎太郎、曽野綾子著『死という最後の未来』より）

「死」を考えることは、自分らしく生きること

『100万回生きたねこ』で有名な絵本作家であり、エッセイストでもある佐野洋子氏は乳がんを患い、2010年に72歳で他界されました。佐野氏の歯に衣着せぬエッセイを掲載した著書『ヨーコさんの〝言葉〟わけがわからん』には、がんの再発を知ったときの様子が記されています。次は、患者である彼女と主治医との会話です。

「あと何年もちますか」
「ホスピスを入れて2年くらいかな」
「いくらかかりますか死ぬまで」
「1000万」

それに対して佐野氏は、(ラッキー、私は自由業で年金がないから90まで生きたらどうしようとセコセコ貯金をしていた) と綴っています。

そして主治医には抗がん剤も延命もやめて、普通の生活ができるようにしてほしいと依頼し、病院からの帰路に近所の車の代理店に赴いてブリティッシュグリーンの高級外車

ジャガーを購入。そして、外車を好きなように乗り回しながら、自分の人生の終わりを知った心理をこう記しています。

「2年と言われたら10数年私を苦しめたウツ病がほとんど消えた。人間は神秘だ。」

「毎日が急に充実してきた。毎日がとても楽しくて仕方ない。」

「死ぬとわかるのは、自由の獲得と同じだと思う。」

もちろんすべての人が、佐野氏のように考えられるわけではないと思います。ただ死を意識するからこそ、「それまでの時間を大切に生きよう」という気持ちが生まれたり、親しい人と過ごす「何気ない日常」の意味が変わって見えたりする、そういうことは確実にあると思います。

死は避けようとして目を背けるほど、恐ろしく見えるのかもしれません。本来、死は生きることの先に地続きにあるもので、決して特別なことでも異常なことでもありません。死を考えることは、死という一つの区切りを意識しながら、それまでをどう生きるかという「生き方」の問題でもあります。

「安心して死ねる」「後悔なく見送れる」社会へ

これまで、多くの患者さんの看取りを経験してきた私の実感では、佐野洋子さんのように自分の人生に満足している人、悔いのない人生を送ってきた人ほど、ACPが非常にスムーズに進みます。

その意味では、見送る側のご家族も、最終段階の本人の意向を受け入れるとともにその人の人生を肯定するような姿勢をもってあげてほしいと思います。「死んでほしくない」と悲しみ続けるのではなく、「これまでよくやってきたね」『いい人生だったね」と大切な家族に認めてもらえると、先に逝く人は本当に安心して死ねるのではないでしょうか。

また、がん再発が分かり死期を知って「自由を得た」と述べていた佐野洋子氏は、先の著書のなかでこんなことも語っています。

「私は死ぬのは平気だけど、親しい好きな友達にも絶対死んで欲しくない。

死の意味は、自分の死でなく他人の死なのだ」

[図表19] 大切な人の死に対する心残りの有無

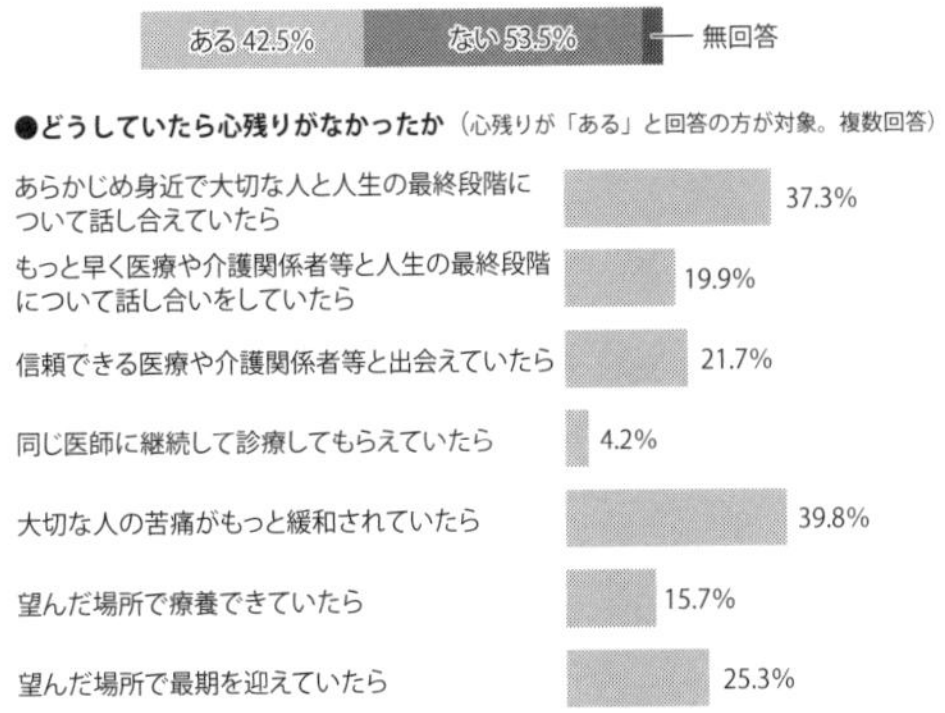

（2018年 厚生労働省調査）

私も、ACP（人生会議）の最終的な目的とは、先に逝く人の意思に寄り添い、話し合いを重ねることで、残る家族が後悔しないようにすること——と考えています。

命を終えようとしている本人が望むように生き、安心して死ねる。それももちろん重要です。ですが万一それが叶わなくても、この世の生が終わればそれで区切りとなります。しかし残る家族は、その先もずっと長く人生が続きます。そこで後悔を抱えて生きるのはつらいことだろうと思うからです。

厚生労働省「人生の最終段階における医療に関する意識調査報告書」に、興味深い調査結果がありました。

過去5年間に大切な人を亡くした一般国民に「心残りの有無」を尋ねたところ、42・5％の人が「心残りがある」と回答しています。

さらに、「どうしていたら心残りがなかったか」という設問に対しては、最も多かったのは「大切な人の苦痛がもっと緩和されていたら」（39・8％）ですが、次いで多かったのが「あらかじめ身近で大切な人と人生の最終段階について話し合えていたら」（37・3％）であり、「望んだ場所で最期を迎えていたら」（25・3％）でした。

皆さんは、この調査結果を見てどのように思われたでしょうか。すでに亡くなった家族のことを思い出した人もいるかもしれません。これから先の自分自身や、家族の将来を想像した人もいるかもしれません。

過去を変えることはできませんが、これから先の未来は一人ひとりが行動することで一歩ずつ変えることができます。自分と家族のこれからのために「どのように人生を生き、どのように終えたいか」を考え、勇気を出して話し合ってみてください。

最後に、「死」を率直に話し合える状態は「健康的」であり、「死」に正面から向き合わずに触れようとしない状態は「不健康」だと私は強く主張します。

おわりに

本書を最後まで読んでいただき、ありがとうございました。

「人生の最期に望まない医療を避けるにはどうすればいいか」

「家族が後悔せずに見送るためには何をすればいいか」

それを整理し、多くの方々に知っていただきたいというのが、私が本書を執筆したいちばんの目的です。その具体的な解決策の一つとして、「ACP（人生会議）」とはどのようなものか、個人が家族や身近な人と「人生会議」をするためには、何を意識すればいいのかといったことを考察してみました。

ただ「人生会議」が難しいのは、何か決まった方法論があるわけではない、ということです。話し合いの結論にしても、唯一絶対の正解のようなものはありません。個人の環境や病状、家族の状況によって始め方や進め方、議論の内容も方向も、すべて千差万別になります。こうすれば家族でもめないとか、こうすればスムーズだというマニュアルがあるわけではないのです。

かくいう私自身も、親の介護では後悔もありますし、今なお葛藤もあります。

私の父は89歳まで現役医師として診療の現場に立っていましたが、5年前に他界しました。最晩年の2カ月余りは心臓も腎臓も機能が落ち、ほぼ寝たきりになって施設で介護を受けている状態でした。あるとき私が見舞いに行き、「リビング・ウイルや遺言状のようなものを書いている？」と尋ねると、父は首を振って「書いていない」という返事です。

今となればもう少し元気のあるうちに、情報整理や記録作成を手伝っておけばよかったと思いますが、残念ながら父はそのまま亡くなりました。結局、死後になって父の通帳の所在すらも分からず、私と姉二人で実家を必死に家探しするはめになりました。

また、91歳になる母親は、父の体調が悪くなる前から認知症を患っており、現在も施設で生活をしています。先日も施設から私のところに、母親の意識がおかしいので救急車を呼びたいと電話がありました。私は救急車を呼ぶ必要はないと思いましたが（本書でも「救急車を呼ばずに、かかりつけ医に連絡を」と書いています）、施設の職員の方が不安を強く訴えるため、最終的には「搬送してもいいですよ」と返事をして、母親は集中治療室で治療を受け、また施設に戻ったこともあります。

このように医師である私でも迷うことがあるのですから、一般の方々にとって、どう判断していいか分からないという事態も現実には少なくないだろうと思います。

本文中にも書きましたが、医療や生命はもともと不確実なものです。どれだけ熟考して決めた方針でも変更せざるを得ないこともありますし、完璧でなくともそのときどきに必死で考えて判断したことであれば「結果オーライ」と考える、適度な〝ゆるさ〟も必要なのかもしれません。

高齢者や患者さんの介護をしているご家族は、容態の変化に一喜一憂したり、振り回されたりということもあると思います。しかし、在宅医として多くの家族の療養や看取りを見てきた経験からすると、泣いたり笑ったりしながら一緒に考えた時間こそがその家族にとって〝かけがえのない財産〟になる気がしています。

この原稿を書いている今も、世界はコロナ禍のなかにあります。

家族で「人生会議」をしたくても、離れて住む高齢の親のもとに帰省できない人も少なくないかもしれません。

しかしながら、私は本書の冒頭で、新型コロナで得た教訓を「死を身近に考えられるようになったこと」と書きましたが、今は、それだけではないかもしれないと考え始めています。

まず、新型コロナで外出自粛や働き方の変革を迫られ、家で過ごす時間が増えたことで、家族の存在や自分にとって大切なものについて振り返り、考える時間をもてた人もいることと思います。もしかするとオンラインでつながることで、コミュニケーションがむしろ増えたというご家族もいるかもしれません。

また医療や介護の姿も、今後は変わっていくはずです。在宅ワークのような働き方が広まれば、がんの治療をしながら、あるいは家族の介護をしながら無理なく働ける人も増えるでしょう。高齢者を中心に病院での感染リスクを避けたい人が増え、在宅医療のニーズもいっそう高まると予想されます。

健康な人も要介護の人も住み慣れた自宅にいながら無理なく社会とつながりを持てる、

そんな世の中が近づきつつあるのかもしれません。

日本社会にとって未曽有の経験となった2020年を経て、これから新型コロナウイルスの状況がどのようになっていくのか、正直、私にも分かりません。その頃にワクチンや治療薬が完成していたとしても、社会への影響がほぼない状態にまで戻るには、もうしばらく時間がかかるのではないかと思います。

いずれしても私たちは今、大きな社会の変わり目の只中にいます。どうせならこの変化を少しでも実りあるものにしたいものです。私自身もさらに地域医療の向上と充実を目指し、歩みを止めることなく奮励努力していきたいと思います。

最後に、本書の執筆に当たり、取材にご協力いただきました埼玉県川口市福祉部介護保険課・後藤武彦課長、川口市福祉部長寿支援課支援係・石川哲也係長、公益社団法人鳩ヶ谷訪問看護ステーションの白石恵子所長、株式会社やさしい手の事業所責任者・中條民幸氏、同社サービス提供責任者主任・新なほ氏に、心より御礼を申し上げます。

そしてコロナ禍で多忙を極める中、本書に推薦文を寄せてくれた盟友〝もっちゃん〟こと、大野元裕埼玉県知事に最大限の謝意を表します。

参考文献

厚生労働省「人生の最終段階における医療・ケアの決定プロセスに関するガイドライン」2018年3月
Molloy DW,et al.:J Am Geriatr Soc.1991;39(4):396-9.
Detering KM,et al.:BMJ.2010;340:c1345
Silveira MJ,et al.:The New England Journal of Medicine.2011
朝日新聞出版『週刊朝日』2020年11月20日号「林真理子 ゲストコレクション」
厚生労働省「ACP普及・啓発リーフレット」
厚生労働省「終末期医療の決定プロセスに関するガイドライン」2007年5月
日本医師会「がん医療における緩和ケアに関する医師の意識調査」2008年3月
三浦靖彦「在宅新療0-100.4(5)」2019年
石原慎太郎、曽野綾子『死という最後の未来』幻冬舎 2020年
厚生労働省「平成29年度 人生の最終段階における医療に関する意識調査結果(確定版)」2017年
高橋龍太郎「終末期医療・ケアについての意識調査」2012年
鷲田清一『朝日新聞』2020年6月24日「折々のことば」
会田薫子『長寿時代の医療・ケア――エンドオブライフの論理と倫理』ちくま新書 2019年
川越正平「日本医事新報」No.5017 2020年
環境新聞社『月刊ケアマネジメント』2019年2月号

一般社団法人埼玉県医師会「私の意思表示ノート―自分らしい尊厳ある最期を迎えるために―」２０１９年
日本緩和医療学会「がん疼痛の薬物療法に関するガイドライン」２０１０年版
厚生労働省「２０１９人口動態統計４　死因の構成割合」
厚生労働省「２０１９人口動態統計５　死因別死亡率の年次推移」
東京消防庁「報道発表資料　心肺蘇生を望まない傷病者への対応について新たな運用を開始します」２０１９年11月20日
根本晋一「日本大学歯学部紀要」
橋田壽賀子『安楽死で死なせて下さい』文春新書、２０１７年
シャボットあかね『オランダ発ポジティブヘルス』日本評論社　２０１８年
紅谷浩之「必要以上に〝医療化しない〟医療チーム？　在宅診療0-100.4（6）」２０１９年
佐野洋子（文）北村裕花（絵）『ヨーコさんの〝言葉〟わけがわからん』講談社　２０１７年

杉浦敏之（すぎうら　としゆき）
１９８８年、千葉大学医学部卒業。千葉県救急医療センターに勤務後、千葉大学医局研修を受け、千葉大学大学院で医学博士号取得。大宮赤十字病院に勤務し、２００３年より医療法人社団杉浦医院院長、２００４年より同医院理事長。日本医師会認定産業医、労働衛生コンサルタント取得。埼玉県立大学にて講師を務めている。大学卒業以来25年間にわたり高齢者医療に携わっており、地域医療を充実させるために末期癌患者への在宅医療も行う。著書『死ねない老人』（幻冬舎メディアコンサルティング・２０１７年）。

本書についての
ご意見・ご感想はコチラ

続・死ねない老人
～希望の最期を叶え、後悔せずに見送る～

二〇二一年一月二〇日　第一刷発行

著　者　杉浦敏之
発行人　久保田貴幸
発行元　株式会社　幻冬舎メディアコンサルティング
〒一五一-〇〇五一　東京都渋谷区千駄ヶ谷四-九-七
電話　〇三-五四一一-六四四〇（編集）
発売元　株式会社　幻冬舎
〒一五一-〇〇五一　東京都渋谷区千駄ヶ谷四-九-七
電話　〇三-五四一一-六二二二（営業）
印刷・製本　シナノ書籍印刷株式会社
装　丁　弓田和則

検印廃止

Printed in Japan　ISBN 978-4-344-93089-6 C0047
幻冬舎メディアコンサルティングＨＰ　http://www.gentosha-mc.com/